La Canalisation

Catalogage avant publication de Bibliothèque et Archives nationales du Québec et Bibliothèque et Archives Canada

Therrien, Johanne, 1964-
La canalisation : guide pratique pour apprendre à recevoir des messages d'autres dimensions
ISBN 978-2-89436-891-6
1. Médiumnité. I. Titre.
BF1288.T43 2017 133.9'1 C2016-942293-3

Avec la participation financière du gouvernement du Canada. Canada

Nous remercions la Société de développement des entreprises culturelles du Québec (SODEC) pour son appui à notre programme de publication.

Gouvernement du Québec – Programme de crédit d'impôt pour l'édition de livres – Gestion SODEC.

Infographie de la couverture : Marjorie Patry
Mise en pages : Josée Larrivée
Révision linguistique : Amélie Lapierre
Correction d'épreuves : Michèle Blais

Éditeur Les Éditions Le Dauphin Blanc inc.
Complexe Lebourgneuf, bureau 125
825, boulevard Lebourgneuf
Québec (Québec) G2J 0B9 CANADA
Tél. : 418 845-4045 Téléc. : 418 845-1933
Courriel : info@dauphinblanc.com
Site web : www.dauphinblanc.com

ISBN version papier : 978-2-89436-891-6
ISBN version numérique epdf : 978-2-89436-892-3
ISBN version numérique epub : 978-2-89436-893-0

Dépôt légal : 1er trimestre 2017
Bibliothèque nationale du Québec
Bibliothèque et Archives Canada
Données de catalogage disponibles auprès de Bibliothèque et Archives nationales du Québec.

Imprimé au Canada

Limites de responsabilité
L'auteure et la maison d'édition ne revendiquent ni ne garantissent l'exactitude, le caractère applicable et approprié ou l'exhaustivité du contenu de ce programme. Ils déclinent toute responsabilité, expresse ou implicite, quelle qu'elle soit.

Johanne Therrien

La Canalisation

Guide pratique pour apprendre à recevoir des messages d'autres dimensions

Le Dauphin Blanc

Table des matières

À mes enfants, Gabriel et Sabrina,

Vous êtes de la nouvelle génération,
Des phares prêts à éclairer ce monde,
Un espoir dans cet univers en changement,
Des modèles pour les jeunes de votre âge.

Je vous dédie ce livre
avec tout mon amour.

Johanne

Remerciements

Merci particulièrement à mon mari pour sa patience et la complicité que nous partageons continuellement. Il est un partenaire de vie exceptionnel, un mari présent, compréhensif et attentionné. Il m'accompagne dans cette belle aventure en se mettant disponible en tout temps et en acceptant la « guidance » reçue. C'est un homme de cœur et de grande intégrité.

Merci à mes deux enfants qui m'accompagnent lors des formations en canalisation, Gabriel et Sabrina. Ce sont de merveilleux canaux de lumière qui acceptent de recevoir les messages de l'au-delà.

Merci à mes formatrices, Rose-Édith Crespel et Sabrina Lalancette, ma fille. Elles guident les étudiants sur le chemin de la canalisation. Elles sont de fabuleuses ressources enjouées et inspirantes pour tous.

Merci notamment à ma mère Nicole qui a toujours cru en moi. Sa joie de vivre et son amour de la vie sont des sources d'inspiration pour moi.

Merci à Alain Williamson, un éditeur unique. La confiance qu'il m'accorde m'a permis de partager mes passions au-delà de mes espoirs. Je lui suis reconnaissante de me permettre de partager mes connaissances et mon expérience en canalisation grâce à l'écriture.

Merci sincèrement à toute l'équipe du Dauphin Blanc, Marie-Chantal Martineau, Marjorie Patry, Annie Sauvageau, Pierre Boutin, Karine Bilodeau, Josée Larrivée et Michèle Blais. Leur passion et leur dévotion à toutes les étapes de la publication me touchent toujours autant.

Merci à mes étudiants d'accepter d'être de formidables intermédiaires par lesquels les êtres des plans supérieurs peuvent communiquer.

Merci aux grands êtres qui m'accompagnent tous les jours parce qu'ils me permettent d'avoir accès à la magie de la canalisation.

Préface d'Anick Lapratte

Si vous tenez ce livre entre vos mains c'est que, tout comme moi, vous avez senti l'appel de votre âme à vous relier à plus grand que soi. Vous avez cheminé sur les voies spirituelles et vous ressentez toujours, au plus profond de votre être, cet élan du cœur qui vous incite à vous reconnecter à l'essence divine qui vous habite et qui demande à émerger. Vous avez la profonde conviction qu'au-delà de la matière et des illusions de l'ego, une puissante énergie d'amour aspire à être canalisée afin d'apporter un baume dans votre vie, dans celle de vos proches ou dans ce monde en quête de lumière. Mais qu'est-ce que la canalisation ? Qu'est-ce que cela comporte ? Et comment devenir un canal ?

Apprendre à devenir un canal et à développer ses capacités intuitives est un sujet d'actualité, voire même tendance. Avec le courant populaire de la méditation, nombreux sont ceux et celles qui deviennent de plus en plus à l'écoute de leur petite voix, des signes et des synchronicités, ainsi que des messages provenant de l'au-delà. De ce fait, loin des manifestes et de la condamnation au bûcher, la médiumnité prend du galon et devient même accessible à tous. Enfin!

Si cette connexion est tant recherchée aujourd'hui, ce n'est pas par hasard. Non seulement l'augmentation du taux vibratoire actuel de la planète permet une ouverture de conscience et une sensibilité accrue chez un grand nombre de personnes, mais les bienfaits d'une connexion profonde avec soi-même, son âme, un dieu, des êtres chers décédés, des anges ou des maîtres ascensionnés, sont innombrables.

En effet, la canalisation permet de vivre des moments d'une rare beauté car, plongés dans le calme absolu, nous ne sommes plus divisés mais nous formons un tout avec le divin. À ce moment, une puissante énergie nous habite et, imprégnés de cette fréquence, nous pouvons alors nous abandonner à la guérison, au pardon et à l'amour. Souvent, des images apparaissent, des sons deviennent audibles, la pensée s'éclaircit... la guidance devient claire ! Nous prenons alors de meilleures décisions pour notre vie, nous transmettons des messages d'espoir et nous participons à un monde meilleur.

Oui, tout le monde peut apprendre à développer ses capacités intuitives ou médiumniques. Cette capacité n'est pas réservée à quelques rares privilégiés. Toutefois, certains voudront canaliser pour eux-mêmes alors que d'autres voudront en faire une profession. Certains canaliseront leur âme, leurs guides ou des êtres chers décédés tandis que d'autres canaliseront des anges, des fées ou des maîtres ascensionnés. Et certaines personnes, comme moi, canaliseront également des êtres décédés de basses vibrations afin de les accompagner vers leur propre lumière. À chacun sa signature énergétique et sa mission d'âme. Mais dans un cas comme dans l'autre, il est essentiel de maîtriser les rudiments d'une bonne canalisation pour éviter certains désagréments et maximiser son expérience de façon positive.

Certes, la canalisation est un art qui se peaufine au fil du temps et des expériences. Mais grâce au livre que vous tenez maintenant entre vos mains, vous serez non seulement bien accompagné dans l'univers de la médiumnité, mais vous économiserez un temps précieux en apprenant dès maintenant les bases d'une bonne canalisation. Vous découvrirez les pièges à éviter et vous apprendrez à prendre soin de vous et à augmenter votre taux vibratoire. Car s'initier à la canalisation c'est aussi prendre l'engagement profond de maintenir de hautes fréquences énergétiques et de vivre bien ancré sur terre. Et grâce à Johanne et à ses précieux enseignements, vous apprendrez à déployer vos propres capacités intuitives en toute confiance et en fonction de votre signature énergétique.

Ayant œuvré dans le domaine de la médiumnité pendant plus de dix ans, je peux vous assurer que ce livre deviendra un précieux allié dans votre développement spirituel. Assurément, voici le livre que j'aurais aimé écrire il y a quelques années. C'est pourquoi je suis honorée de le présenter et de le recommander à toute personne ayant à cœur de s'ouvrir à la plus belle des connexions : celle du divin en soi!

Bonne lecture,

Anick Lapratte xx
Intervenante énergétique,
auteure et conférencière

Prologue

Je vous présente un livre consacré spécifiquement à la canalisation. Il se veut un guide pratique afin de vous permettre de comprendre et d'intégrer les principes de base de la science de l'« invisible ». Les notions abordées vous expliqueront comment *contacter* les êtres des dimensions supérieures et inclure cette communication dans tous les aspects de votre vie quotidienne. Vous pourrez ainsi apprendre à mettre en pratique les enseignements afin d'ouvrir votre « canal », et ce, dans le confort de votre foyer.

Actuellement, l'être humain cherche plus que jamais des réponses aux phénomènes non expliqués par la science. L'accès à la canalisation est une ouverture à plus grand que nous et à des connaissances oubliées depuis des générations. Aujourd'hui, alors que l'humanité est à un tournant vibratoire important, il devient pertinent d'utiliser la canalisation afin d'aider les individus à vivre en harmonie et de leur offrir une guidance les conduisant vers une plus grande paix intérieure.

L'apport de la canalisation dans le processus évolutif de la société est présentement majeur. Dans cette ère de la communication, l'accès aux êtres de lumière est de plus en plus requis afin d'éclairer notre chemin. Chaque individu a maintenant la possibilité d'approcher cette vérité grâce à ses capacités naturelles innées.

Avec les énergies puissantes qui se sont mises en place depuis les dernières années, les êtres de lumière désirent que tous puissent avoir accès à une guidance juste et claire. Ces grands êtres attendent patiemment notre accord et l'élévation de nos vibrations afin de pouvoir enfin communiquer facilement avec nous.

Canaliser signifie « accepter d'être un instrument du divin et consentir à vivre dans un espace de lâcher-prise ». De plus, la prémisse de cette communication est d'avoir le désir de contribuer à créer un lien entre le divin et nous afin de participer à la mise en place d'un plan plus grand que nous.

La communication avec les êtres des autres mondes est maintenant accessible à tous, et de plus en plus de gens arrivent à *contacter* cette dimension facilement et rapidement. Depuis l'arrivée des énergies de 2012, un vortex énergétique s'est installé sur terre et l'accès à ces autres univers est grandement facilité.

Ainsi, les informations et enseignements contenus dans ce livre se veulent un guide afin de *recontacter* vos capacités naturelles, car vous avez cette possibilité de communiquer avec les êtres de lumière grâce aux vibrations grandissantes de la planète.

Ce manuscrit a comme point de départ mon vécu et mes observations en regard de la canalisation. Il comprend des notions théoriques et le partage de mes expériences ainsi que celles de certains de mes étudiants. À la lumière de ces écrits, je vous guiderai afin de vous connecter avec les êtres des dimensions supérieurs: les archanges, les anges, les maîtres ascensionnés, les guides, les êtres de lumières, les élémentaux, etc. Je vous expliquerai comment monter votre taux vibratoire afin de vous diriger vers des énergies magiques, aimantes et positives. Le but premier de ce manuscrit étant d'apprendre à travailler en collaboration avec les énergies supérieures. Finalement, à la fin de cet ouvrage, des exercices pratiques vous aideront à concrétiser dans votre vie les notions apprises dans ce livre.

En vous dirigeant dans cette direction élevée, de merveilleuses expériences vous attendent. En vous orientant vers la lumière et en laissant graduellement de côté vos peurs, vos doutes et vos anciennes croyances, vous verrez votre vie s'illuminer grâce au processus de la canalisation.

Je vous souhaite beaucoup de plaisir à la lecture de ce document. Il se veut un recueil d'enseignements, mais j'espère pouvoir vous transmettre, à travers lui, un peu de mon essence afin de faciliter votre cheminement.

Avec amour,

Johanne

« De nombreux fonctionnements naturels existent
dans des plans de réalité tellement subtils
qu'ils sont encore inconnus de la science.
Ne vous laissez pas arrêter par ceux qui nient
toute existence de ce qui n'est pas rationnel et
scientifiquement prouvé aujourd'hui.
La science avance lentement et avec difficulté
dans sa recherche de la vérité. »

– BRIAN JOSEPHSON, PHYSICIEN, PRIX NOBEL DE PHYSIQUE

Introduction

Comment la canalisation s'est développée dans ma vie ?

La communication avec les êtres des autres mondes m'a toujours attirée. Lorsque j'étais jeune, j'admirais les médiums et tous ceux qui avaient la possibilité de recevoir des messages de l'au-delà. Je trouvais qu'ils avaient une chance inouïe de communiquer avec les autres dimensions. Certaines personnes m'impressionnaient encore plus lorsqu'elles avaient la possibilité de « voir le futur » des gens.

J'adorais consulter des voyantes et me faire prédire l'avenir. Chaque fois que j'en rencontrais une, j'admirais cette capacité lui permettant de voir plus loin que la dimension apparente. J'étais aussi intriguée par cette faculté de voir au-delà du monde physique. Mais, même si j'admirais le travail des médiums, je n'aurais jamais pensé avoir la capacité de faire comme ces personnes un jour et encore moins d'en enseigner les rudiments.

Mais pourtant, dans ma tendre enfance, il m'arrivait déjà de voir ou de ressentir la présence d'êtres autour de moi. Ils se manifestaient souvent la nuit dans un état de demi-sommeil. Lorsque quelqu'un décédait dans ma famille, il était certain que cette personne venait me visiter durant les nuits suivantes.

Plusieurs autres êtres m'apparaissaient aussi la nuit. Parfois, les formes qui se présentaient à moi étaient très sombres. J'avais très peur de ces manifestations et je ne comprenais pas pourquoi elles venaient à moi. En contrepartie, à d'autres moments, des présences d'une très grande luminosité venaient à ma rencontre, soit consciemment ou en rêve. Une sorte de guidance se glissait doucement en moi, principalement grâce à de fortes intuitions et à des rêves prémonitoires d'une grande clarté.

À vingt et un ans, j'entrais dans un nouveau paradigme. Une nouvelle façon de percevoir mon univers s'ouvrait à moi. Ayant grandi dans un monde très rationnel, inconsciemment, à l'intérieur de moi, j'aspirais à me connecter aux dimensions magiques de la vie.

Au départ, je croyais que pour canaliser les êtres de lumière, il fallait être né avec cette capacité ou avoir des « dons spéciaux ». Je n'envisageais pas la possibilité d'arriver à faire une telle chose, mais disons que je l'espérais ardemment.

Afin de comprendre les manifestations qui se dessinaient devant moi, j'ai suivi de multiples formations de 21 à 31 ans : reiki, médecine énergétique, polarité, sophrologie, rêve éveillé, médiumnité, etc. Au cours de ces années de formation en médecines douces et au contact de nouvelles énergies, j'ai vécu beaucoup de libérations m'ayant permis d'élever mon taux vibratoire. À chaque nouvel atelier, mon corps ressentait de nouvelles énergies s'installer en moi et les anciennes croyances me quittaient. Je me sentais comme si je faisais un *reset* énergétique.

Ainsi, durant ces années de formation intensive au contact d'enseignants variés, j'ai appris à apprivoiser les capacités qui étaient enfouies en moi. Naturellement et sans effort, une voix a commencé à me parler à l'oreille. Elle me guidait lors du travail énergétique afin de transmettre des messages variés aux gens. Je constatais de plus en plus la justesse de ces informations et parallèlement celles-ci descendaient en plus grande « affluence ». Il devenait de plus en plus normal pour moi de combiner pratique énergétique et canalisation des messages des êtres de lumière.

Plus j'acceptais de canaliser les messages de l'autre monde, plus cette faculté prenait place en moi. Conséquemment, ce n'était plus seulement lors de consultations que les messages affluaient, mais lors de toutes les activités de ma vie quotidienne. J'allais au restaurant et la « voix » me conseillait « quoi » choisir. Elle me suggérait fréquemment des objets à apporter à des amis lorsque j'allais les visiter et c'était toujours approprié.

Je suivais cette guidance et ma vie devenait plus facile. Une magie s'installait. Je me sentais guidée et protégée en tout temps.

Dans ma pratique énergétique, j'ai commencé à demander aux guides de chaque personne de se présenter. Au cours des années, différents êtres se sont manifestés. Au départ, ce furent des anges, des défunts, puis de grands maîtres ont commencé à apparaître afin de transmettre des messages aux individus. Ce fut une ouverture sur un Nouveau Monde. Les messages se multipliaient et je me sentais enfin à la « bonne place ».

Je reçois des messages en canalisation depuis maintenant trente ans. J'ai créé, en 2012, l'École de Tianshi (*Tianshi* signifiant « ange » en mandarin) où j'enseigne depuis plusieurs années à devenir un « canal » pour ces merveilleux êtres des autres dimensions. Après toutes ces années, la canalisation me passionne toujours autant.

Grâce au Tianshi, beaucoup d'étudiants ont appris à canaliser les anges, les guides, les défunts, les êtres de lumière, et de magnifiques expériences spirituelles se sont vécues devant mes yeux.

Aujourd'hui, la canalisation se manifeste autant dans ma vie de tous les jours, mais plus particulièrement par l'écriture. J'ai maintenant le plaisir de recevoir par canalisation des enseignements d'êtres merveilleux, et ce, pour le plus grand bien de tous.

PREMIÈRE PARTIE

Devenir un canal

Chapitre 1

Qu'est-ce que la canalisation ?

« C'est une bénédiction profonde que de laisser l'intelligence de Dieu vivre à travers vous. »
– Richard Moss

La canalisation est cette capacité de devenir un canal ou un instrument afin de capter les messages de dimensions supérieures. De tous les temps, les sages et les érudits ont appris à utiliser cette faculté afin d'en faire bénéficier l'humanité.

À travers l'évolution des différentes civilisations de notre monde, plusieurs êtres ont reçu des messages d'autres plans de conscience. Parmi ceux-ci, nous retrouvons des prophètes tel Moïse qui sauva son peuple de la tyrannie de l'Égypte en recevant directement les messages du divin. Au Moyen Âge, lors des conquêtes, Jeanne d'Arc guida les armées françaises vers le chemin de la victoire grâce aux informations reçues de l'archange Michaël (autrefois nommé « saint Michel archange »).

Il y a seulement quelques décennies, Edgar Cayce, célèbre médium, obtenait en transe profonde des renseignements importants sur l'évolution de notre planète et d'anciens « remèdes » encore inconnus de la science actuelle. Aujourd'hui, Lisa Williams, médium et clairvoyante de réputation internationale, offre des représentations où elle communique avec une grande aisance avec les défunts et les êtres des autres mondes. Plusieurs de ses livres, dont *Je parle aux morts ! Et vous ?*, *L'âme est éternelle* et *Ma vie parmi les morts*, publiés aux Éditions Le Dauphin Blanc, sont lus par des milliers d'individus captivés par le sujet.

Parallèlement, de tous les temps, les « diseurs de bonne aventure » et les gitans ont parcouru les villages et les contrées afin d'offrir des messages provenant des autres dimensions. Que nous croyions ou non à ces « informations », il reste que l'être humain a toujours été intrigué par ces capacités « extrasensorielles » présentes chez certains individus. Encore aujourd'hui, l'homme cherche à communiquer avec l'au-delà et à comprendre comment fonctionne cette connexion.

Actuellement, notre monde est à un tournant de son évolution. Des transformations majeures dans la structure de notre société se produisent. Les systèmes politiques s'écroulent et les anciens dogmes acquis depuis si longtemps disparaissent pour laisser place à de nouvelles valeurs et à un nouvel état de conscience. Un Nouveau Monde est en train de se mettre en place.

Nous observons simultanément à tous ces bouleversements que le taux vibratoire de notre planète se modifie. Celui-ci grimpe à des valeurs jamais atteintes auparavant. De nouvelles énergies puissantes descendent sur notre monde et, synchroniquement, la vibration de notre planète s'élève. L'effet de ces deux mouvements nous permet de *contacter,* facilement et rapidement, des fréquences vibratoires inaccessibles antérieurement.

L'année 2012 a été une année charnière pour l'avancement de notre civilisation. Ce fut la fin d'un cycle, d'une époque. Nous entrons maintenant dans une nouvelle ère planétaire. L'énergie en place continuera d'augmenter, ce qui nous permettra de capter des fréquences de plus en plus subtiles. La canalisation sera bientôt pratiquée de plus en plus aisément, et dans quelques décennies, elle sera pratiquée par la majorité des gens.

La rapidité

Vous constaterez que le temps semble s'être accéléré depuis les dernières années. Et c'est le cas. Ce n'est pas une illusion. L'accélération du rythme planétaire provoque une accélération de l'espace-temps favorisant l'accès aux dimensions parallèles.

La canalisation est accessible plus que jamais. Je suis étonnée de constater à quelle vitesse mes étudiants arrivent à se connecter aux autres mondes, et ce, depuis la création de mon école. Nous avons tous cette même possibilité grâce aux énergies en place dans notre monde actuellement. C'est un cadeau divin remis à l'homme et j'espère vous guider vers la découverte de cet aspect inné en chacun de vous.

L'intuition

Comment pouvons-nous arriver à comprendre le principe de base de la canalisation ? Il s'agit de percevoir l'être humain comme un poste radio syntonisant des fréquences variées. Au départ, et souvent bien involontairement, nous captons quelques fréquences provenant de l'aspect divin en nous, et ce, par intermittence. C'est ce que nous appelons l'« intuition ».

Dans la vie courante, nous avons tous déjà eu des intuitions ou des *feelings*. Ces messages provenant d'une source supérieure ont toujours eu comme but de nous protéger de quelconques éventualités néfastes ou de nous guider vers des choix bénéfiques pour nous. Au cours de notre vie, ces intuitions ont tendance à se manifester au gré des situations et en dehors de notre volonté.

Grâce à l'apprentissage du processus de canalisation, nous apprenons à devenir un canal à travers lequel les messages peuvent affluer à volonté. Nous avons maintenant la possibilité de recevoir ces informations divines de façon courante ou lors d'une demande directe de notre part, et ce, sans délai.

En canalisation, l'individu apprend à se connecter à la source universelle et à d'autres dimensions, à recevoir et à transmettre les informations reçues. Plus le canal s'affine et plus il a la possibilité d'obtenir, à volonté, des informations pertinentes par connexion directe à la source.

Comment se fait la canalisation ?

Techniquement, la canalisation est possible grâce à une petite glande située au centre de notre cerveau, la « glande pinéale », ou l'« épiphyse ». Cette glande ressemble à une pomme de pin, d'où le nom de « glande pinéale ».

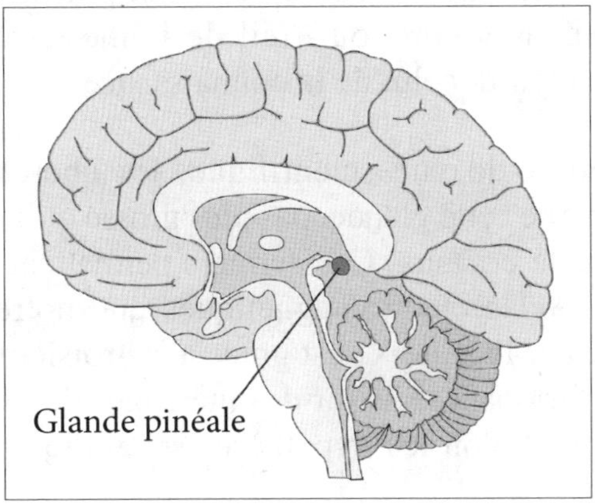

Cet organe est aussi appelé couramment le « troisième œil ». Il porte ce surnom en lien avec sa structure anatomique ressemblant à celle de nos organes de la vue. La glande pinéale est directement liée aux phénomènes tels que la clairvoyance (voir dans l'avenir et dans le monde invisible), la télépathie (communication de pensée) et la canalisation ou médiumnité (faculté d'entrer en contact avec d'autres dimensions). Ainsi, cet organe permet de détecter des dimensions invisibles à nos yeux physiques.

À travers l'histoire, plusieurs théories ont été émises sur le rôle exact de la glande pinéale. L'une des plus célèbres théories fut proposée par le philosophe français René Descartes. Selon lui, la glande pinéale serait le « siège de l'âme ». Elle aurait comme rôle d'établir un pont entre le monde matériel (corps physique) et la dimension immatérielle (âme).

Dans la tradition orientale, la glande pinéale, nommée aussi « œil intérieur » ou « œil de l'âme », désigne un troisième regard, celui de la connaissance.

Du point de vue scientifique, les chercheurs ont découvert que cette glande, pas plus grosse qu'un pois, est constituée de cristaux. Ces derniers permettent de capter certaines ondes électromagnétiques que notre cerveau interprète par la suite. C'est grâce à ce troisième œil que nous arriverions à recevoir des messages de dimensions supérieures. Selon les hypothèses scientifiques les plus récentes, la glande pinéale située au centre de notre cerveau serait en quelque sorte une antenne permettant de capter les ondes de l'au-delà.

Pour expliquer ce phénomène, l'un des plus grands chercheurs brésiliens du domaine, le neurochirurgien Sergio Felipe de Oliveira, titulaire d'un magistère en sciences de la faculté de médecine de l'université de São Paulo, a émis l'hypothèse suivante : « La glande pinéale est un organe sensoriel de la médiumnité, semblable à un téléphone portable, qui capte les ondes du spectre électromagnétique, provenant de la dimension spirituelle, le lobe frontal procédant au jugement critique du message, avec l'aide des autres zones encéphaliques » (*Jornal Espirita*, octobre 2010).

Les cristaux de la glande pinéale

Les *études* actuelles permettent de constater que la glande pinéale se calcifie lorsque l'individu avance en âge. Les chercheurs ont cru au départ que cet organe, en s'atrophiant, perdait toute utilité physiologique. Toutefois, le Dr Sergio Felipe de Oliveira a découvert qu'un processus biominéral de calcification *affectait* la glande pinéale. Au lieu de se scléroser, comme on le croyait au départ, une structure organisée se mettait en place à l'intérieur de cet organe. Une microcirculation sanguine permettait de maintenir le métabolisme des cristaux actif et vivant.

Sur le plan physiologique, ces cristaux s'assembleraient afin de former une sorte de caisse de résonance captant les champs électromagnétiques. Ce phénomène serait principalement lié aux cristaux d'apatite présents à l'intérieur de la glande pinéale.

Nous pouvons ainsi comprendre le rôle majeur que joue la glande pinéale dans la communication avec les autres dimensions ainsi que son rôle de « radiorécepteur » envers les messages des autres mondes. Comme nous possédons tous une glande pinéale, nous avons tous la possibilité de capter les ondes de l'au-delà.

Source : [www.energie-sante.net/fr/SP201_cristaux-glande-pineale.php].

Chapitre 2

Qui peut arriver à canaliser ?

« Si les portes de la perception
étaient dégagées, l'homme verrait les choses
telles qu'elles sont : infinies. »
– William Blake

Certains naissent avec cette capacité de canalisation dite « spirituelle », souvent parce qu'ils l'auront déjà utilisée dans une vie passée, d'autres se reconnectent à un aspect de leur être lors de circonstances particulières : mort clinique, accident grave, chirurgie, etc., et d'autres le font simplement en élevant leur taux vibratoire et leur conscience.

Toutefois, indépendamment de la manière dont la canalisation s'est manifestée ou non dans notre vie, nous avons maintenant tous la possibilité d'intégrer cette dimension magique dans notre vie, et ce, tous les jours de notre existence. Ce n'est plus une pratique réservée à quelques « élus ». C'est une faculté naturelle de l'être humain que tous peuvent maintenant utiliser. Quelles que soient vos valeurs ou vos croyances, vous y avez accès.

Les « prérequis »

Aucun prérequis n'est nécessaire pour apprendre ou réussir à canaliser, si ce n'est que d'avoir le désir de *contacter* des énergies supérieures. Toutefois, pour y arriver, un processus de nettoyage et de libération peut parfois se faire naturellement.

Il vous est proposé d'accepter consciemment de laisser partir vos anciens schèmes de pensées, vos anciennes croyances désuètes pour adhérer à de nouvelles valeurs plus actuelles. Vous devez accepter de vous ouvrir à un univers inconnu sans avoir nécessairement de barèmes de comparaison.

Autrefois, *contacter* ces dimensions subtiles était très fastidieux. Je me souviens d'avoir fixé des points noirs tracés au mur pendant de longues minutes afin d'ouvrir mon troisième œil. J'ai utilisé des phosphènes (fixé des globes lumineux) afin d'y projeter mes désirs et de les envoyer à l'univers. J'ai fait des programmations sur divers thèmes et j'ai attendu des jours, et même des semaines, afin que mes rêves veuillent bien m'apporter des réponses.

Maintenant, le temps s'est accéléré, il n'est plus possible de ralentir ni de reculer, nous devons avancer. Nous sommes rendus dans un espace-temps permettant de nous épanouir et de *recontacter* toutes ces capacités enfouies en nous. Le temps presse. Les êtres de l'autre dimension ont tant de choses à partager avec nous.

Pourquoi moi ?

Lorsque des êtres de lumière magnifiques, des grands maîtres, des elfes, des fées se sont mis à apparaître à chacune des consultations que je donnais, je me suis posé la question : « Pourquoi moi ? » Je me sentais en « dualité » entre la joie de vivre de merveilleuses canalisations et le sentiment de ne pas être à la hauteur de ces grands êtres.

Qui étais-je, moi, Johanne Therrien, pour prétendre canaliser Jésus, Marie, Babaji, l'archange Michaël et plein d'autres êtres merveilleux ? Je me sentais prise entre les valeurs que l'on m'avait inculquées de petitesse et cette force magnifique qui se manifestait en moi.

Malgré ces questionnements, j'ai quand même continué à canaliser ces grands êtres et à transmettre leurs messages d'amour. Le plaisir que je ressentais en présence de ces êtres était plus puissant que mon questionnement intérieur. Les apparitions ont continué à se manifester et je vivais des moments magiques et je me sentais en effervescence continuelle.

Après quelque temps, voyant ces apparitions perdurer, je m'y suis habituée et j'ai fini par me dire : « Pourquoi pas moi ? »

J'ai mis de côté mon égo qui me suggérait de me faire petite et invisible. J'ai accepté cette nouvelle réalité.

Ainsi, parmi tous mes étudiants, cette question importante revient souvent : « Pourquoi de si grands êtres choisiraient de communiquer à travers moi ? Je suis une simple personne, sans capacités ou "dons extraordinaires" ? » La réponse est simple... Nous sommes tous des êtres divins voués à communiquer avec les énergies supérieures. Nous sommes tous dotés de ces capacités naturelles, c'est simplement que nous n'avons pas appris à les utiliser dans notre société. Voilà pourquoi nous nous sentons si étrangers à notre vraie nature.

Afin de faire le pont avec le questionnement émis ci-dessus, je terminerai ce chapitre avec un magnifique texte de Marianne Williamson tiré de son livre *Un retour à l'amour* qui reflète si merveilleusement notre véritable nature : « Notre peur la plus profonde n'est pas que nous ne soyons pas à la hauteur. Notre peur la plus profonde est que nous soyons puissants au-delà de toutes limites. C'est notre propre lumière et non notre obscurité qui nous effraie le plus. Nous nous posons la question : "Qui suis-je, moi, pour être brillant, radieux, talentueux et merveilleux ?" En fait, qui êtes-vous pour ne pas l'être ? Vous êtes un enfant de Dieu. Vous restreindre, vivre petit, ne rend pas service au monde. L'illumination n'est pas de vous rétrécir pour éviter d'insécuriser les autres. Nous sommes nés pour rendre manifeste la gloire de Dieu qui est en nous. Elle ne se trouve pas seulement chez quelques élus, elle est en chacun de nous. Et, au fur et à mesure que nous laissons briller notre propre lumière, nous donnons inconsciemment aux autres la permission de faire de même. En nous libérant de notre propre peur, notre puissance libère automatiquement les autres[1]. »

---

1. Source : [https//fr.wikipedia.org/wik/Marianne_Williamson].

Chapitre 3

Pourquoi choisir de canaliser ?

« Le paysan laboure les champs, l'armurier façonne la flèche, le charpentier courbe le bois et le sage se perfectionne lui-même. »

– Bouddha

La canalisation est un merveilleux processus nous permettant de nous connecter au divin en nous, mais aussi aux dimensions parallèles présentes autour de nous. C'est un mécanisme naturel qui s'installe lorsque la personnalité s'efface afin de laisser la place à plus grand que soi.

Ce processus nous offre aussi la possibilité de vivre sous guidance continuelle. Nous avons alors la chance d'être informés d'avance des évènements importants de notre vie et de nous sentir en sécurité en tout temps. La communication avec les êtres de l'autre monde fait en sorte que nous sommes continuellement accompagnés et jamais seuls. C'est une confirmation de la présence de ces grands êtres autour de nous.

Dès qu'un questionnement se présente en moi, je vais en canalisation et j'interroge mes guides ou les anges. Les réponses me viennent généralement de manière instantanée. J'utilise aussi cette faculté afin de guider d'autres personnes dans leur évolution. Pour moi, le but de la canalisation n'est pas de décider pour elles, mais d'amener un éclairage sur les choix qui s'offrent à elles et de leur transmettre les informations pertinentes à leur cheminement de la part d'êtres hautement vibratoires.

Le but de la canalisation

Dans ce livre, lorsque je parle de canalisation, je vous propose de vous connecter à des êtres de lumière, anges, guides, grands maîtres et autres. Je vous propose de recevoir et de transmettre les messages d'êtres aux vibrations élevées. Personnellement, ce n'est qu'avec ces êtres que je choisis de communiquer. En élevant mon taux vibratoire, les êtres vibrant à de basses fréquences ne se présentent pas à moi.

Le but de la canalisation est d'avoir accès aux êtres de lumière et de nous connecter à ces êtres magiques afin d'apporter une guidance à l'humanité. Celle-ci peut se faire individuellement ou collectivement. Quel que soit le but de chacun quant à ce processus, il doit être axé sur le bien-être de tout un chacun. La canalisation doit servir à l'acquisition d'un mieux-être et guider l'humanité vers une plus grande paix. En élevant notre vibration et au contact d'êtres merveilleux, nous permettons à plus de lumière d'entrer dans notre monde.

Quelle est la différence entre l'intuition et la canalisation ?

L'intuition est cette capacité permettant d'avoir accès à une information, mais indépendamment de notre volonté. Cette forme de communication se fait à sens unique, c'est-à-dire qu'une information arrive à nous, sans préavis et hors de notre contrôle.

Le dictionnaire Larousse définit l'*intuition*[2] comme une « connaissance directe, immédiate de la vérité, sans recours au raisonnement, à l'expérience ».

Nous avons tous une intuition présente à différents degrés. Certains ont accès à des informations avant qu'elles ne se manifestent dans le temps, c'est ce que l'on appelle les « prémonitions ». D'autres ont un grand *feeling* ou un ressenti intérieur qui les pousse à aller vers une direction ou, au contraire, à faire un autre choix. Nous avons tous eu ces ressentis que notre mental n'arrive pas à comprendre.

2. Source : [www.larousse.fr/dictionnaires/francais/intuition/4403].

Certaines personnes appellent ce phénomène « écouter sa petite voix ». C'est cet écho qui nous parle à l'intérieur de nous. L'intuition peut être vue comme cette force en nous qui nous oriente vers des choix harmonieux.

Avec l'ajout de la canalisation, votre intuition sera toujours aussi présente, même qu'elle se précisera. Parallèlement à l'intuition, la canalisation peut être interprétée comme une communication bidirectionnelle. Il est possible de recevoir des messages d'êtres des dimensions supérieures et vous pouvez aussi poser des questions et recevoir les réponses instantanément. La communication se fait de nous vers eux et d'eux vers nous. Vous pourrez donc demander directement des informations aux êtres de l'autre côté du voile, et ce, naturellement.

Une fréquence radio

Même si la glande pinéale présente au centre de notre cerveau peut être comparée à un poste radio, certaines personnes ont plus de difficulté à capter les ondes de l'au-delà, car leur fréquence radio n'est tout simplement pas bien ajustée. C'est comme si leur poste récepteur se situait entre deux fréquences. Il arrive parfois aux étudiants qui débutent en canalisation de percevoir uniquement des sons lointains, un bruit de fond, le son d'une foule au loin ou de recevoir des images embrouillées.

Pour avoir une canalisation plus précise, il est parfois nécessaire d'ajuster la fréquence de notre poste radio interne. Lorsque la fréquence est plus juste, la personne reçoit plus facilement les informations de l'autre monde. Généralement, cela se fait en augmentant notre taux vibratoire et en pratiquant la canalisation. Alors, notre fréquence se modifie, le son se clarifie et les images deviennent plus claires. (Nous verrons comment augmenter notre taux vibratoire dans le chapitre suivant.)

Je me souviens d'un passage que j'ai lu sur Yogananda dans son livre *Autobiographie d'un yogi*. Un jour, Yogananda voulait échanger avec son maître par-delà l'autre dimension. Il essayait de le voir avec ses yeux physiques et de lui parler directement. Cependant, l'image du maître se révélait floue par intermittence. Le reflet du sage disparaissait et réapparaissait en alternance sans permettre une connexion continue entre eux.

Le maître suggéra à Yogananda de méditer et d'élever son taux vibratoire afin de mieux capter ses vibrations. Ce qu'il fit. Alors, le maître lui apparut clairement et ils purent échanger ensemble. Il en va de même avec la canalisation. En élevant notre taux vibratoire, celui-ci modèle automatiquement notre fréquence radio et nous captons plus facilement les ondes émises par des énergies supérieures.

Chapitre 4

L'importance du taux vibratoire

« Tout dans la vie n'est qu'énergie et vibration. »

– Albert Einstein

Le taux vibratoire peut être représenté comme la mesure de la quantité d'énergie présente dans un être ou un objet. Cette énergie « émane » en nous et autour de nous. Les vibrations que nous émettons grâce à notre taux énergétique créent un champ vibratoire qui nous entoure. Ce champ vibratoire entre en contact avec les lieux, les êtres et les objets que nous croisons.

Cette quantité d'énergie peut se mesurer par un instrument appelé l'« échelle de Bovis ».

Voici un cadran numérique conçu par le physicien Bovis qui est capable de mesurer les différents taux vibratoires.

Échelle de Bovis[3]

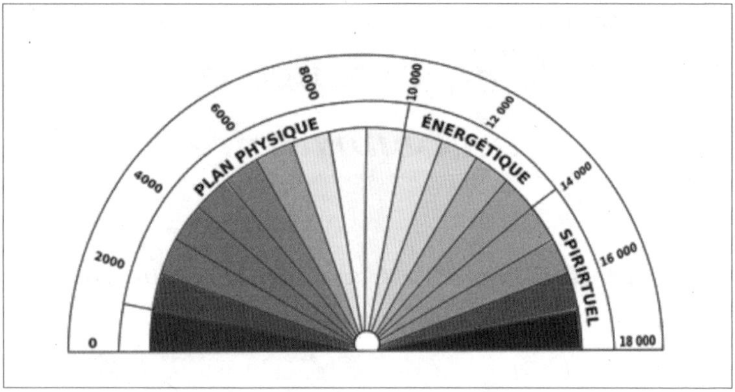

À l'aide de cet instrument, de nombreux radiesthésistes et géobiologistes ont constaté que la fréquence vibratoire de l'être humain a doublé lors des trois dernières années. La vibration de l'être humain serait passée de 6 500 à 12 500 unités sur l'échelle de Bovis dans cette courte période. Cette modification serait la conséquence directe de l'augmentation du taux vibratoire terrestre, et il ne cesse de s'élever actuellement.

3. Source : [http://infos-santes.blogspot.ca/2014/06/mesure-du-taux-vibratoire-energetique.html].

Comment modifier sa fréquence vibratoire ?

La première chose à faire pour canaliser des messages d'amour, des informations positives, est de nous connecter à des êtres hautement vibratoires afin d'être guidés. Il faut demander leur collaboration. Notre personnalité humaine est limitée. Elle ne voit donc que certains aspects d'une situation. Lorsque l'on se connecte à une force supérieure, ce peut être aussi au « divin en soi », on a accès à une infinité de possibilités que la nature humaine n'aurait jamais pu imaginer. Avec le divin, tout devient possible. Des informations nouvelles et parfois inconnues viennent à nous afin de servir de guidance de tout instant.

Voici quelques outils qui vous aideront à augmenter votre taux vibratoire afin de capter des fréquences plus élevées :

Marcher dans la nature

La connexion à la nature est essentielle afin d'augmenter notre taux vibratoire. Dans cet espace serein, l'air est généralement plus pur et sain. Cela est dû au fait que l'oxygène contenu dans cet espace naturel est rempli de particules électriques bénéfiques pour notre organisme (les ions[4]).

4. Sources : [www.lightair.com/fr/source.php/1405931/Les%20ions%20%20n%E9gatifs%20sont%20positifs.pdf].

Les ions sont des molécules ayant acquis ou perdu une charge électrique. Il existe deux types d'ions contenus dans l'air ; les ions négatifs (anions) et les ions positifs (cations). Ces particules positives ou négatives n'ont pas d'odeur, de couleur ou de saveur. Elles sont invisibles à nos yeux et nous les inhalons directement dans l'air ambiant.

Les ions négatifs (anions) permettent au corps de se régénérer, alors que les ions positifs occasionnent de la fatigue et du stress. Les ions positifs (cations) sont généralement générés par les appareils électriques, les appareils électroniques et les technologiques domestiques. Dans les grandes villes, les maisons et les endroits fermés, les ions positifs ont tendance à s'accumuler. Tandis qu'en plein air, le frottement des particules de l'air, de l'eau et le rayonnement du soleil génèrent des ions négatifs.

Ainsi, les ions négatifs permettent à une plus grande quantité d'oxygène de migrer vers le cerveau. Il en résulterait une plus grande vigilance cognitive et l'accès à une plus grande énergie mentale. Notre corps est mieux oxygéné. Il aide donc notre esprit à se détendre et permet aux messages des autres dimensions d'affluer plus facilement vers nous. J'ai toutefois observé que près d'un point d'eau, dans la salle de bain ou sous la douche, les messages en canalisation nous parviennent plus facilement. La connexion aux autres plans de conscience est amplifiée en présence de l'eau, qui produit une plus grande quantité d'ions négatifs[5].

Ainsi, en allant marcher dehors, dans un parc ou dans la nature, l'oxygène chargé d'anions vous revitalise et vous met dans un état de prédisposition pour vous connecter à l'au-delà.

Méditer

La méditation est une pratique très ancienne qui nous viendrait principalement de l'Inde. Les premiers écrits retrouvés sur le sujet datent d'environ 1 500 ans avant Jésus-Christ. La méditation a conquis graduellement plusieurs pays du monde et elle est utilisée par beaucoup de religions actuellement. C'est une méthode accessible à tous permettant d'atteindre un état de conscience second et de se connecter à l'être intérieur.

Concrètement, la méditation permet à l'esprit de prendre un temps de repos grâce à la modification de l'activité cérébrale. Depuis des siècles, les moines et les chefs spirituels utilisent la méditation afin de se connecter à des dimensions supérieures. Lorsque nous nous mettons en état méditatif, les ondes de notre cerveau se transforment en passant du niveau bêta à alpha.

5. Source : [www.psychologies.com/Bien-etre/Prevention/Hygiene-de-vie/Articles-et-Dossiers/Les-ions-negatifs-100-positifs].

Le rythme bêta (13-30 hertz) est l'état d'éveil normal du cerveau. Il représente la pensée active. Notre attention est alors tournée vers la réalité extérieure, ce qui nous permet de résoudre des problèmes concrets dans la vie de tous les jours.

En alpha (8-12 hertz) la personne se retrouve dans un état de relaxation, dans une sensation de bien-être et d'attention accrue.

« Au niveau alpha, nous avons une meilleure perception de tous nos sens et nous sommes beaucoup plus à l'écoute de notre intuition, ce qui veut dire que nous savons mieux ce qu'il faut faire au moment où il faut le faire. Notre mental est alors en "veilleuse", il interfère moins souvent et notre choix est alors plus juste, plus intuitif [...] L'intuition peut être définie comme cette faculté de connaître des informations qui sont hors de notre champ de perception habituel. Elle nous communique alors ses messages au travers d'images, de perceptions, de voix[6] [...]. »

Selon le médecin et parapsychologue Andrija Puharich, au niveau alpha, une harmonisation des deux hémisphères de notre cerveau s'installe. Celle-ci nous procure une meilleure vision globale de la vie. À cette fréquence, notre capacité de concentration et notre potentiel mémoriel s'accentuent grandement.

6. Source : [www.levoyagedelhypnose.com/la-méditation-active-ou-auto-hypnose/le-ni].

Or les ondes du cerveau descendent au rythme alpha lors de la méditation, de la clairvoyance et de la médiumnité. À ce nouveau rythme, notre mental se calme et cède la place à une tout autre dimension de notre être.

L'alimentation

L'alimentation a un impact majeur sur notre capacité à canaliser. Les aliments que nous ingérons influencent notre canal, certains peuvent améliorer notre perception des messages de l'autre monde.

Concrètement, notre alimentation devrait être le plus près de la terre, c'est-à-dire qu'elle devrait contenir le moins de produits transformés possible. Les viandes et les produits carnés devraient être réduits au maximum. Les légumes, légumineuses, les fruits, les noix et les graines devraient être priorisés. L'important si vous désirez faire des changements alimentaires est d'écouter votre corps. Ne vous imposez pas de restrictions alimentaires pour des raisons rationnelles. Apprenez plutôt à reconnaître quels aliments vous conviennent ou non.

Graduellement, lorsque la canalisation s'affinera en vous et que votre taux vibratoire augmentera, certains aliments ne vous attireront plus et s'élimineront d'eux-mêmes de votre régime alimentaire. De plus, dès que le bénéfice de canaliser et de recevoir des enseignements de grands êtres sera plus grand que de maintenir votre alimentation traditionnelle, la modification de vos choix alimentaires se fera naturellement. Ne forcez rien, laissez l'énergie faire son œuvre.

Avoir des pensées et des paroles positives

Nous ne réalisons pas encore comment nos pensées et nos paroles influencent notre taux vibratoire. Chacune des pensées qui viennent à nous a le potentiel de nous élever à une fréquence supérieure. En portant attention aux propos que nous entretenons lors de notre discours mental et ceux que nous exprimons en paroles, nous pouvons améliorer notre taux vibratoire, car tout part de nous.

Chacune de nos pensées et chacune de nos paroles portent en elles une fréquence vibratoire particulière. Le fait de choisir les mots et les pensées nous permet d'influer directement sur la vibration que nous portons. Je crois que la vigilance envers ce que nous pensons et disons est un travail de tout instant. C'est comme une gymnastique que nous devons mettre en pratique quotidiennement. Avec le temps, le discours que nous entretenons envers nous et envers les autres s'adoucira, il deviendra plus positif et lumineux.

Toutefois, en tant qu'humains, nous pouvons parfois retomber et nous apercevoir que nous avons dévié de notre objectif. Alors, il suffit de nous reprendre. Sélectionner nos pensées et nos paroles est un art à développer. Toutefois, l'impact de cette démarche sur notre énergie ne peut que devenir notable de jour en jour.

Être dans la joie

Être dans la joie est la meilleure façon de canaliser. Lorsque nous laissons tomber nos barrières et nos principes acquis, la joie remplace les croyances et les connaissances. Nous nous reconnectons à l'enfant en nous. En reprenant contact avec cet aspect pur en nous, tout devient possible et c'est alors que la magie s'installe. La joie est une vibration qui ouvre la porte sur les autres mondes.

Exercez-vous à mettre un sourire sur votre visage chaque matin, peu importent les circonstances, et vous verrez que la joie se glissera plus facilement dans votre vie.

Une autre façon simple et accessible pour l'ensemble des gens d'augmenter leur taux vibratoire est de regarder des films drôles. Lorsque nous sommes dans la joie et le rire, le mental se retire et nous prédispose à capter plus facilement les messages des êtres de lumière. Le rire hausse nos vibrations et les maintient à une fréquence supérieure. Avez-vous remarqué que beaucoup de sages ont le rire facile et portent une bonne humeur communicative ? Cette pratique purifie notre énergie et élève notre âme à un haut niveau.

Se centrer sur le « cœur »

Lorsque le cœur se met en action à la lumière de nos gestes, il en résulte une expansion de conscience et une élévation de notre taux vibratoire. Si nous regardons les maîtres qui sont passés dans ce monde, ils ont fait abstraction de l'illusion de ce monde pour se centrer sur le réel, le cœur. Dans la vibration du cœur, nous avons accès à des savoirs incroyables. En tout temps, le cœur devrait être le moteur guidant l'ensemble de nos actes. Le cœur est cet espace d'amour réel et immuable. Il est la vibration réelle de notre être. Notre vraie nature.

Choisissons d'émaner à partir de notre cœur afin de partager notre lumière, et cela fera grandir aussi la nôtre.

Les livres

Plusieurs livres possèdent la capacité de hausser votre vibration énergétique. Parmi ceux-ci, le livre d'Alain Williamson, *La Villa des Miracles*, publié aux Éditions Le Dauphin Blanc, fut une révélation pour ma conscience, mais encore plus pour mon taux vibratoire. En lisant ce livre, mon énergie a fait un bond impressionnant à tel point que je me suis sentie dans un état de conscience supérieure pendant deux jours. Il me semblait vibrer dans cette énergie où tout est possible et où notre conscience dépasse la matière. Je vous recommande fortement ce livre afin d'entrer dans un monde de possibles et d'élévation de conscience.

Ce chapitre vous offre quelques avenues possibles afin de vous aider à augmenter votre taux vibratoire. Si vous désirez pousser plus loin vos connaissances des taux vibratoires, je vous suggère le merveilleux livre d'Anick Lapratte, *À quelle fréquence vibrez-vous ?*, publié aux Éditions Le Dauphin Blanc. Il explique avec beaucoup de détails l'importance du taux vibratoire et comment le calculer. Par la magie des mots, Anick Lapratte arrive à rendre accessibles à tous des concepts importants sur l'énergie. C'est un document de référence fascinant et bien conçu. Un incontournable.

La protection par rapport à l'augmentation du taux vibratoire

J'utilise très peu le terme *protection*. Pour moi, ce mot fait référence à un quelconque danger. Je préfère parler d'augmenter notre taux vibratoire. Ce n'est peut-être qu'une question de termes, mais lorsque je réalise l'impact des mots que l'on utilise, je choisis d'élever mon taux vibratoire plutôt que de me protéger contre quelque chose. Ainsi, dans ce manuscrit, le mot *protection* sera très rarement utilisé.

Monter le taux vibratoire d'un lieu

Lorsque je désire hausser mon taux vibratoire ou celui de l'endroit où je suis, j'utilise des images ayant une symbolique puissante pour moi. Les images de maîtres, d'archanges ou de tout autre être de sagesse affichées dans une pièce feront grimper son taux vibratoire automatiquement.

Je place toujours les images des archanges dans la pièce où j'enseigne. Je m'assure ainsi d'un taux vibratoire élevé. Toutefois, toute autre image de maîtres ou de divinités donne le même résultat.

Une autre façon simple que j'utilise pour élever le taux vibratoire d'un lieu est de visualiser une lumière blanche partant du sol et montant vers le plafond. Dans mon esprit, j'imagine aussi de longs filaments lumineux qui grimpent dans la pièce. Par ma volonté, je diffuse mentalement cette lumière dans toute la place. Automatiquement, le lieu augmente en vibration. C'est notre conscience et notre volonté mises en action qui modifient notre environnement.

Chapitre 5

L'intention de base

« Si, avec un mental pur, quelqu'un parle et agit,
alors le bonheur le suit comme l'ombre
qui jamais ne le quitte. »

– Bouddha

L'intention est le moteur de toutes nos actions. Lorsque nous transmettons un message à une personne par canalisation, nous demandons que ce soit ce qui est le mieux pour elle. Nous ne devons pas décider ce que nous croyons être le meilleur, mais nous devons lâcher prise et nous en remettre à une force supérieure.

Regardez l'intention qui vous pousse à recevoir les messages des autres dimensions. Si cette intention est pure et altruiste, alors de merveilleux êtres viendront à votre rencontre. Si ce qui vous motive n'est pas associé à une intention élevée, il sera plus difficile de créer un contact avec les êtres des mondes supérieurs. Il faut toujours se rappeler que tout se fait par correspondances énergétiques. Si votre intention est pure et qu'elle vise à servir ou à contribuer à créer un monde meilleur, alors votre vibration s'élèvera et votre intention vous guidera automatiquement vers des dimensions élevées.

Avoir des intentions pures

Les êtres de l'autre dimension attendent patiemment que nous élevions notre taux vibratoire afin qu'ils puissent nous *contacter*. Tout est question de fréquence vibratoire. Nous devons choisir de modifier notre vibration intrinsèque et changer notre état intérieur pour passer à un autre plan de conscience.

Personnellement, je crois que nous pouvons augmenter notre taux vibratoire seuls, soit par des choix, des actions et des paroles justes. Plusieurs autres exemples vous seront donnés plus loin. Parallèlement, j'ai pu constater qu'en présence d'une personne ayant un taux vibratoire élevé, si nous choisissons de vibrer à une fréquence similaire, son taux vibratoire influencera automatiquement le nôtre par proximité.

Autrefois, les apprentis accompagnaient les maîtres et ils vaquaient à leurs occupations indirectement dans les énergies du sage. Ce processus accélérait le rythme évolutif de l'étudiant. Aujourd'hui encore, je crois que l'énergie des êtres qui nous enseignent élève notre vibration intrinsèque. À leur contact, nous en ressortons grandis.

L'amour

Le moteur de toutes nos actions devrait toujours être l'amour. L'amour est la plus pure énergie qui soit au monde. Si la motivation qui vous guide vers la canalisation est l'amour, l'amour de vous ou l'amour de l'autre, alors vous êtes sur le bon chemin. Je crois que pour aider les gens, il faut porter un amour profond envers soi-même et envers les autres.

L'amour est une vibration puissante qui nous conduit dans un espace temporel très élevé afin de nous connecter à la partie la plus belle et magique de nous-mêmes. Ainsi, la canalisation devient un amalgame d'amour, d'hymne à la vie et de bonté.

Exercice

Prenez quelques instants pour vérifier, à la lumière de ces quelques exemples, quelle est votre intention de base par rapport à la canalisation :

◊ Avez-vous toujours rêvé de communiquer avec les êtres des autres dimensions ?

◊ Avez-vous toujours senti ce contact présent et voudriez-vous l'approfondir pour vous-même, c'est-à-dire obtenir une guidance permanente ?

◊ Vous êtes-vous toujours senti proche de ces dimensions et désirez-vous découvrir votre lien avec elles ?

◊ Croyez-vous que vous pourrez contribuer à améliorer ce monde grâce à la canalisation ?

◊ Ce monde vous a toujours attiré et une force en vous vous pousse vers lui ?

◊ Avez-vous l'impression que vous recevez déjà des messages, mais sans bien comprendre le processus de communication ?

◊ Peut-être n'avez-vous jamais eu de contact avec les autres mondes, mais avez-vous un désir ardent d'y arriver ?

Il peut y avoir mille autres raisons de vous diriger vers la canalisation. Quelle que soit la vôtre, celle-ci doit provenir d'un élan de votre cœur et non de votre mental. En canalisation, le rationnel doit céder la place à notre être intérieur qui agira dans le but de servir un plan plus grand que nous.

Chapitre 6

Le rôle de l'égo

« Le changement n'est pas douloureux ;
seule la résistance au changement est douloureuse. »

– Bouddha

Lorsque vous débutez en canalisation, une partie de vous risque de résister et de tenter de vous ramener dans un état de doute et d'hésitation. Cet aspect de votre personnalité voudra garder le contrôle sur la situation et vous dira que vous ne devriez pas canaliser ou même que vous n'en êtes pas capable.

L'égo, c'est cette partie de nous qui a peur et qui ne veut pas que nous changions. L'égo veut que nous restions toujours le même, que nous n'évoluions pas. Nous n'avons pas à entretenir de conflit avec l'égo. Le but n'est pas de rejeter l'égo, mais d'apprendre à ne plus écouter ce guide apeuré. Ainsi, on ne se bat plus avec l'égo, mais on l'accueille en sachant très bien qu'il est en perte de pouvoir.

En apprenant à mettre notre égo de côté, la canalisation devient de plus en plus claire et précise. Il nous suffit de comprendre le rôle de l'égo et de lui donner le juste titre qui lui revient, c'est-à-dire d'être un instrument au service de notre volonté. L'égo est bienvenu dans notre vie, dans la mesure où nous le mettons au service de notre conscience supérieure.

Comment reconnaître la voix de l'égo ?

L'égo est un serviteur fidèle qui ne cessera jamais de nous accompagner. Nous sommes des êtres incarnés et notre égo joue un rôle primordial dans notre vie consciente. Il nous sert à tout ce qui nécessite une pensée rationnelle, un raisonnement et une action concrète.

Lorsque le processus de canalisation se met en place, l'égo perd du terrain et il n'arrive pas à comprendre ce qui se passe. Car nous pénétrons dans un espace qui n'est pas purement rationnel. Il est plus du domaine subtil. Pour l'égo, les informations reçues par canalisation peuvent sembler incohérentes et peu crédibles. Il a besoin de structures solides, vérifiables et mesurables. Tout ce questionnement met simplement en lumière que le processus de la canalisation touche la dimension intangible de l'être, faisant perdre ses repères à l'égo.

Afin de différencier les messages des mondes supérieurs de ceux de l'égo, notez que la première information qui descend à vous est, bien souvent, la voix des êtres de lumière. Lorsque nous sommes en canalisation, le message initial qui nous parvient, indépendamment de notre volonté, est le bon. Par la suite, l'égo prend place et tente de nous convaincre de ne pas faire confiance à ce qui se présente. Ainsi, la voix des êtres supérieurs se manifestera en premier. Par la suite, l'égo rétorquera: «Tu ne peux pas y arriver, tu te tromperas, tu feras rire de toi!»

Toutefois, avec l'entraînement, vous constaterez que les informations reçues s'imbriqueront les unes dans les autres pour devenir une source de renseignements pertinents et tangibles. Avec le temps, vous apprendrez à ne plus porter votre attention sur l'égo, mais bien sur cette partie de vous qui est plus grande que lui, soit le divin en vous. En ne donnant plus de pouvoir à l'égo, celui-ci se tassera et cédera sa place graduellement. Lorsque l'égo se retrouvera sans écoute, il se taira et se mettra au service d'un but supérieur.

Mettre l'égo au service de l'âme

Sachant que l'égo est cette partie de nous qui a peur du changement et qui résiste à tout ce qui est nouveau, nous pouvons écouter ce qu'il dit, mais sans nous attarder à ses propos. Dans la voie de la canalisation, l'égo doit être au service de notre être véritable. Les changements sont perpétuels dans notre vie, et pour grandir, les changements sont nécessaires. Alors, remercions l'égo pour ce qu'il nous apporte en réalisant que son rôle de résistance aux changements est révolu. Lorsque nous choisissons de nous unir à chacune des dimensions de notre être pour ce qu'elles sont, il devient plus facile de vivre en harmonie.

Chapitre 7

Le lâcher-prise

« Acceptez la vie comme elle vient.
La voie la plus sûre pour découvrir la vérité est
de ne plus résister à ce qui se présente. »

– Jean Klein

Le plus grand défi en canalisation est d'accepter d'être un instrument du divin et de laisser tomber notre désir de contrôle. Dans cette dimension de lâcher-prise, nous acceptons de devenir un canal ou un outil utilisé par les êtres des mondes parallèles. Cela ne veut pas dire que notre libre arbitre soit mis de côté. Le libre arbitre restera toujours présent. Cela signifie simplement de vous débarrasser de toute tension interne ou de tout désir de performance. Lorsque votre corps ou votre esprit est maintenu dans une exigence ou un but à atteindre, il lui est plus difficile de devenir un canal flexible et réceptif.

S'en remettre à plus grand que soi

Afin d'intégrer une vibration du lâcher-prise, voici certaines conditions qui faciliteront l'apprentissage de la canalisation : ne rien vouloir, ne rien décider et ne rien forcer.

Je crois que ces trois principes sont les plus difficiles à appliquer, alors que dans notre société, nous avons été habitués à décider, à contrôler et à performer. Dans l'univers de la canalisation, c'est le processus inverse qui se passe. Nous apprenons à nous en remettre à une puissance supérieure et à laisser les messages descendre en nous sans opposer de résistance. En étant dans un état de réceptivité, les informations entrent plus facilement et une fluidité s'installe.

Les anciennes croyances

Nous portons tous en nous d'anciennes croyances. Elles nous ont été inculquées ou transmises, souvent avec de bonnes intentions, mais elles ne sont plus actuelles. Ce sont des valeurs auxquelles nous avons adhéré souvent involontairement.

Parmi celles-ci, il peut y avoir des peurs transmises par nos parents, des idées véhiculées par la société, des conditionnements reçus de divers individus. Ces croyances, préjugés, peurs ou craintes quant à la canalisation que nous portons en nous peuvent provenir de sources variées. Nous avons tous des croyances de base transmises par notre milieu familial, notre environnement, la société, nos amis, etc. Toutes ces valeurs ou croyances teintent notre vision de la réalité.

Certaines valeurs concernant la religion et les dogmes hermétiques ont aussi laissé des traces dans les mémoires individuelles et collectives de la population. Plusieurs valeurs ou croyances ont même été perçues comme des tabous.

Ces anciennes croyances sont souvent des idéologies ou idées qui ne conviennent plus et qui freinent notre évolution. Ce sont des concepts que nous avons acceptés comme étant vrais, mais qui demandent à être revus. Par exemple, on a pu vous dire qu'il faut travailler fort pour ouvrir votre canal de communication avec l'au-delà. Certaines personnes présupposent souvent que tous n'ont pas accès à la canalisation ou qu'il faut avoir fait un cheminement particulier pour y arriver.

Plusieurs de ces croyances et bien d'autres peuvent encore vous habiter. Toutes ces croyances pouvaient être vraies avant l'arrivée des nouvelles énergies de 2012, mais elles ne sont plus actuelles. Il faut comprendre qu'un portail multidimensionnel s'est ouvert et ces anciennes croyances sont devenues dépassées et désuètes. Je ne vous suggère pas de remettre en question toutes les croyances que vous portez en vous, mais d'accepter de remettre en question certaines valeurs qui ne proviennent pas de votre source divine.

Indépendamment de toutes ces façons de voir et de penser, il vous est possible maintenant de « choisir » à quelles valeurs ou croyances vous désirez adhérer. En acceptant d'abandonner certaines émotions désuètes, croyances ou mémoires reliées à vos expériences passées, vous devenez un meilleur canal.

La transformation

En débutant en canalisation, les énergies des êtres des plans supérieurs nous transforment en nous aidant à nous libérer de nos vieux schèmes de pensées. Lorsque l'énergie des êtres de lumière commence à passer à travers nous, un processus d'épuration s'installe. Quand cette lumière descend en nous, ce qui n'a plus sa raison d'être nous quitte. Nous apprenons à accepter de laisser partir les émotions qui stagnaient en nous afin d'être plus libres. Ce processus se fait naturellement et sans effort.

Nous sommes le filtre à travers lequel les êtres communiquent. Notre but est d'être un canal dans la non-résistance, un canal d'acceptation de ce qui est. Plus nous nous libérons des vieilles mémoires que nous portons en nous, plus une liberté se met en place.

Par ailleurs, en recevant des messages des plans supérieurs, certaines de nos croyances se modifieront en entrant dans cette nouvelle vibration. Les idées que nous avions sur la vie, la mort et la réalité se modifieront au contact des informations provenant des autres mondes. C'est un peu comme faire un *reset* de vos croyances et vos valeurs. Il n'y a rien à forcer dans ce processus. Il suffit d'observer comment les modifications énergétiques se placent d'elles-mêmes.

Toutes ces libérations se feront par la concordance énergétique et non par l'intervention du mental. Ce n'est pas par le chemin de l'intellectualisation, mais c'est bien par un état de lâcher-prise, d'acceptation et d'accueil que cette transformation se réalisera.

Chapitre 8

L'accès à l'information

« Pour savoir quel est ton chemin, regarde l'étoile, respire et fais le premier pas… »

– Yankun

La connexion à l'autre monde nous donne accès à des informations pertinentes et précieuses afin de nous guider dans notre chemin évolutif et d'aider les autres. Il existe plusieurs moyens d'avoir accès aux messages des êtres de l'autre dimension. Parmi ceux-ci, il y a la clairaudience, la clairvoyance, la *clairsentience* et la « clairconnaissance ».

Les êtres de l'autre monde utiliseront une ou plusieurs de ces façons, seules ou simultanément, selon ce qu'ils jugeront le plus approprié dans votre situation. Toutefois, toutes ces façons vous permettront de recevoir l'information provenant des êtres de l'autre côté du voile.

La clairvoyance

Je décrirais la clairvoyance comme une capacité à voir des images, des couleurs ou des êtres provenant de l'autre dimension. Parfois, ces images peuvent être très claires et parfois plus floues.

Plusieurs personnes ont déjà des capacités leur permettant de voir dans l'autre dimension, mais elles n'arrivent pas à identifier clairement cette aptitude. Il nous est parfois arrivé de voir passer du coin de l'œil une forme ou un être. Lorsque nous nous sommes retournés, la forme avait disparu. Cette vision reflète que la clairvoyance est déjà présente, mais non consciente.

Il est possible de voir des êtres et des images directement avec nos yeux physiques. Il m'est déjà arrivé de voir un être se matérialiser à côté de moi. Il est apparu comme une brume et graduellement sa silhouette a pris forme pour devenir plus précise.

Mais, la majorité du temps, les images proviendront de notre glande pinéale, qui reçoit et transmet les informations de l'autre dimension. Ces informations visuelles se présentent souvent par transparence comme si l'image de l'au-delà se superposait à la vision de notre dimension terrestre. Nous continuons à voir les éléments de notre monde, mais en superposant des images de l'autre monde.

Il est possible aussi de voir des images directement dans notre écran mental. Alors, c'est comme écouter un film à la télévision, les couleurs sont vives, claires et étonnamment précises. Cette manière de voir se fait bien souvent les yeux fermés. Les formes et les décors se dessinent sur cet écran et le tout se met en mouvement comme dans un film.

Dans mes débuts, les images se présentaient comme des photographies, c'est-à-dire fixes et sans mouvement. Alors, par ma volonté mentale, j'entrais dans l'image et celle-ci s'animait. L'action et le mouvement prenaient place pour me permettre de suivre la scène qui se déroulait.

Nous pouvons nous interroger sur la validité de ces images. Mais, celles-ci sont aussi réelles que les images perçues dans notre monde terrestre. Nous pourrions croire qu'elles proviennent de notre imagination. Toutefois, dans mon livre *Les enseignements de Lady Nada – Grande Prêtresse de l'Atlantide*, Lady Nada m'a appris que l'imagination est une façon d'avoir accès à ce qui est déjà dans l'autre dimension. Si l'image qui nous parvient n'existait pas déjà dans le monde subtil, alors nous n'y aurions pas accès. On dit parfois que certaines personnes ont beaucoup d'imagination, alors qu'elles ont simplement une connexion à l'au-delà déjà puissante, sans le savoir.

Quand on parle de la clairvoyance, certaines personnes peuvent voir des *flashs* de lumière se manifester devant leurs yeux physiques. Souvent, ces phénomènes se font à notre insu afin de déjouer notre mental. Ces indications sont aussi un signe que la clairvoyance est déjà en place. Les *flashs* de lumière proviennent généralement d'êtres de lumière (anges, guides, grands maîtres) qui passent dans notre champ de vision et nous informent de leur présence. Lorsque ces êtres de lumière se glissent dans notre champ visuel, une traînée de poussière lumineuse apparaît à la suite de leur passage. Ce sont ces parcelles de lumière que notre œil capte. Les couleurs de ces flammèches lumineuses peuvent aussi varier en fonction de la vibration de chaque être. Généralement, nos anges gardiens laisseront des éclats blanc brillant et les grands maîtres créeront des étincelles de lumière colorées.

Lorsque mes étudiants ont accepté de s'ouvrir à la clairvoyance, plusieurs m'ont dit ressentir une pression au troisième œil, c'est-à-dire entre les sourcils, lorsque la clairvoyance s'installait.

La clairaudience

La clairaudience est cette capacité de capter des sons et des voix provenant de l'autre dimension. Généralement, la clairaudience débute par des sons imprécis, parfois par une voix similaire à la nôtre ou différente. Certaines personnes entendent un bourdonnement ou un bruit de foule au loin. D'autres m'ont dit ressentir des pressions aux oreilles lorsque les sons ont commencé à se faire entendre.

On peut entendre des bruits n'étant pas de notre monde, par exemple entendre sonner les cloches d'une église en pleine nuit, alors qu'il n'y a pas une église aux alentours. Nous pouvons entendre, dans notre esprit ou dans notre tête, une voix qui nous parle. Ce peut être une voix d'homme ou de femme que nous entendons clairement à l'extérieur ou à l'intérieur de nous.

Entendre ce qui vient des autres mondes peut aussi se manifester par des impressions qui montent en nous, des *feelings*, des ressentis qui graduellement se clarifieront et deviendront des voix claires. Il est possible de ne capter que des mots semblant « disparates », mais c'est quand même un début de clairaudience.

Plus nous nous exercerons à *contacter* ces nouvelles dimensions, plus les informations deviendront précises. La fréquence de votre canal s'ajustera et deviendra de plus en plus claire.

La *clairsentience*

La *clairsentience* est cette capacité innée chez l'être humain de ressentir ce qui est présent dans l'univers qui l'entoure. Certaines personnes perçoivent les énergies environnantes par une sensation de chaleur, de froid, des picotements aux mains ou sur la peau.

Lorsque nous acceptons de nous mettre en état de disponibilité pour la canalisation, tout ressenti passant par notre corps physique devient une information appartenant à la personne en consultation. Ce que notre corps ressent à ce moment fait partie du message destiné à l'autre personne.

Lorsque l'on débute en canalisation, il est parfois difficile de différencier ce qui appartient à l'autre et à nous. Progressivement, avec l'entraînement, un état de disponibilité s'installera en vous et votre personnalité cédera la place au divin en vous. Alors, il deviendra plus clair que les informations reçues ne proviennent pas de vous. Vous deviendrez alors un merveilleux canal à travers qui les êtres de lumière communiqueront de plus en plus facilement.

Une autre manifestation sensorielle particulière à la *clairsentience* se produit lorsqu'une personne ressent de grands frissons qui lui parcourent le corps en obtenant une confirmation juste. C'est ce que j'appelle une « vérité pure ». Ce phénomène se manifeste parfois lorsque nous discutons avec quelqu'un et que cette personne partage avec nous une expérience vécue. Moi, je le perçois comme une forme de confirmation véridique de mon corps.

La clairconnaissance

Cette capacité permet d'avoir accès à des informations que nous ne pouvions pas savoir personnellement ou qui nous étaient inconnues. Certains inventeurs, chercheurs et scientifiques reçoivent des renseignements que l'on pourrait communément appeler des « éclairs de génie ». C'est en réalité de la clairconnaissance.

Certains autres individus réparent ou fabriquent divers objets sans jamais avoir lu le manuel d'instruction. La manière de faire ou de créer leur parvient instinctivement et sans effort, c'est aussi de la clairconnaissance.

Concrètement, la connaissance ou l'information est une énergie qui voyage en vague circulaire autour de la Terre. Lorsqu'un chercheur capte cette inspiration, c'est un peu comme s'il venait de se brancher à une fréquence lui permettant de recevoir un *téléchargement* de renseignements. Il est surprenant de constater à quel point les informations contenues dans l'univers en mouvement peuvent devenir accessibles à plusieurs d'entre nous, simultanément.

À travers l'histoire, plusieurs chercheurs ont reçu en même temps des indications leur permettant de découvrir des fondements scientifiques importants. Charles Darwin et Alfred Russel Wallace ont découvert la théorie de l'évolution au même moment. Les logarithmes furent trouvés par l'équipe de chercheurs John Napier et Henry Briggs en Angleterre et parallèlement par Jost Bürgi, en Suisse. La photographie couleur a vu le jour grâce à l'inspiration de Charles Cros et à la fois à celle de Louis Ducos du Hauron, en France[7].

---

7. Source : [http://kk.org/thetechnium/simultaneous-in/].

Ce ne sont que quelques exemples mettant en lumière comment la clairconnaissance permet de se connecter à une source commune et plus facilement accessible que l'on pourrait le croire.

Les odeurs particulières

Il existe une autre manière très particulière pour les êtres des autres dimensions de communiquer avec nous, et c'est en utilisant notre sens olfactif. Il est fréquent que ces êtres utilisent des odeurs florales ou des effluves spécifiques afin de manifester clairement leur présence auprès de nous.

Lady Nada, maître ascensionné, se manifeste souvent à moi par une odeur de rose. Plusieurs grands maîtres peuvent amorcer la communication avec vous par des odeurs qui leur sont propres. Nos proches décédés peuvent aussi utiliser ce sens afin de nous aider à les identifier. Par exemple, nous pouvons reconnaître l'arôme de la fameuse sauce à spaghetti de grand-maman ou le parfum familier de sa lessive.

Ainsi, toutes ces capacités sont des moyens d'accès privilégiés par les êtres des autres dimensions afin que nous recevions les messages provenant d'autres plans de conscience.

DEUXIÈME PARTIE

La canalisation

Chapitre 9

Le processus de canalisation

« Ne croyez pas les individus, fiez-vous aux enseignements ; ne croyez pas les mots, fiez-vous au sens ultime ; ne croyez pas l'intellect, fiez-vous à la sagesse. »

– Bouddha

La canalisation est un processus par lequel les informations provenant des plans supérieurs descendent vers l'individu qui les canalise. Les messages et les enseignements prennent la forme d'une lumière cristalline qui entre dans la personne. Celle-ci est captée par son âme et ensuite redirigée vers son esprit conscient.

Le schéma suivant démontre le processus de la canalisation.

Le triangle de la canalisation

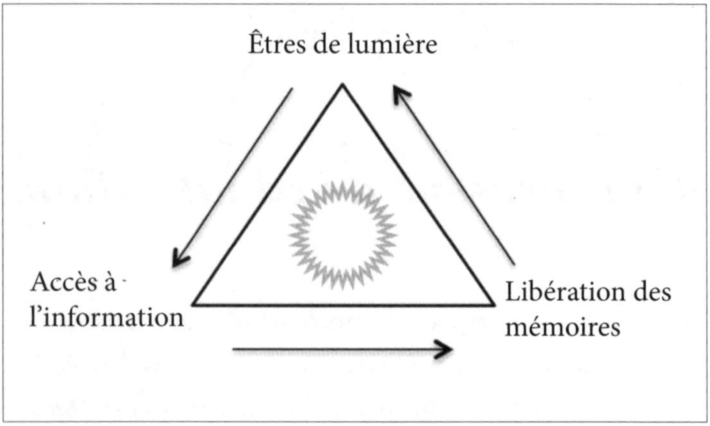

Le centre du triangle est composé d'une sphère de cristal claire représentant l'individu.

Les messages circulant sous forme lumineuse font le tour complet du triangle en partant du haut (êtres de lumière), en descendant vers la gauche (accès à l'information), en allant à droite (libération des mémoires) et en revenant au point de départ.

Ainsi, l'énergie lumineuse se glisse à travers l'individu et modifie sa vibration interne. D'anciennes mémoires accumulées dans son énergie et dans ses cellules le quittent. Ce mécanisme de nettoyage énergétique se fait naturellement, sans effort et par correspondance vibratoire. Par la suite, le taux vibratoire de la personne continue à s'élever. Cela relance le processus de libération et reflète la vraie nature de l'individu, c'est-à-dire qu'il est un être de lumière.

À l'intérieur du schéma, l'être humain est représenté aussi par une sphère de cristal claire au centre du triangle. Ce mouvement énergétique place l'individu au cœur du mécanisme de la canalisation. Intérieurement, nous sommes tous des êtres de lumière cristalline.

Par ce processus de canalisation, nous avons la possibilité de capter les messages des êtres des plans supérieurs. Par la lumière qui entre en nous lors de ce mécanisme, nous nous délestons de toutes les mémoires, de tous les souvenirs ou de toutes les énergies qui ne contribuent plus à notre plus grand bien. Cette lumière divine (l'information) transforme notre être et nous ramène à notre essence divine.

Le canal de lumière en nous

Avec l'apprentissage de la canalisation, les informations provenant des sphères supérieures commenceront à entrer graduellement en vous.

Le triangle de la canalisation, vu précédemment, synthétise le lien entre la communication avec les êtres de lumière et nous. Ce mécanisme se fait par l'accès à l'information et la libération des mémoires emmagasinées dans notre corps énergétique.

Parallèlement à ce processus, nous portons tous un canal de lumière qui traverse notre être. Voyez ce canal lumineux comme une sorte de conduit énergétique débutant au-dessus de votre tête et passant à travers votre corps pour se terminer sous vos pieds. Imaginez ce canal comme un tube énergétique d'un blanc cristallin passant à travers tout votre être.

Lorsque la lumière divine (l'information) entre en vous, votre canal de lumière s'ouvre et prend de l'expansion, c'est-à-dire que, graduellement, une plus grande affluence d'informations pourra se glisser en vous par le dessus de votre tête.

Visualisez ce canal comme un tube énergétique élastique qui prendra du volume par la pratique de la canalisation. Ainsi, votre énergie se transformera et vous pourrez capter une plus grande quantité de messages. Votre corps s'habituera à ce flot d'énergie accrue et votre lumière intérieure grandira.

La canalisation avec transe ou sans transe

Lorsque l'on parle de processus de canalisation, il peut être intéressant de s'attarder à la manière dont les êtres des plans supérieurs entreront en relation avec une personne lors de la canalisation.

Certains individus reçoivent les messages par l'entremise d'un être qui se place à côté d'eux et qui leur dicte leurs propos. Cela se fait, bien souvent, grâce à l'utilisation de la clairaudience. L'être demeure alors à l'extérieur du canalisateur. C'est généralement de cette manière que les êtres se présentent à moi en canalisation. C'est une forme de canalisation dite sans transe.

D'autres personnes cèdent littéralement leur place, à l'intérieur de leur enveloppe corporelle, pour permettre à un autre être d'utiliser leur corps pour s'exprimer. C'est ce que l'on appelle la « canalisation avec transe ». L'être parle alors par sa bouche et on constate généralement une modification de l'intonation de la voix de la personne, le type de langage change, les expressions ne sont pas celles utilisées habituellement par la personne qui canalise. On parle toujours ici de la canalisation d'êtres hautement vibratoires.

On peut alors constater que les propos émis viennent vraiment d'une présence autre. C'est un tout autre être qui parle à travers son corps. Ce procédé se fait généralement avec l'accord du canalisateur et en pleine conscience. À la suite de l'apport des messages de l'être de lumière, comme l'individu a cédé sa place à une autre présence, celui qui canalise se souvient rarement des propos qui ont été divulgués.

Toutefois, il n'y a pas de règles officielles en canalisation. Celle-ci est un processus unique à chacun qui s'exprime à travers la vibration particulière de chaque individu. Une multitude de canalisateurs peuvent exister, comme il y a une multitude d'êtres humains, tous différents les uns des autres.

Chapitre 10

Comment utiliser la canalisation ?

« Le secret du changement consiste à concentrer son énergie pour créer du nouveau, et non pas pour se battre contre l'ancien. »

– Dan Millman

La canalisation est utilisée afin d'ouvrir une porte sur d'autres dimensions. Plusieurs éléments peuvent servir de balises dans votre pratique de la canalisation. Voici quelques points importants tirés de mon expérience et de celle de mes étudiants pouvant vous aider dans votre démarche de communication avec l'au-delà.

Un point de départ

Parfois, les images et les impressions qui se présentent à nous au début d'une canalisation ne semblent pas avoir de significations précises. C'est ce que j'appelle un « point de départ ».

Ce sont des mots, des images ou des sensations qui nous semblent non pertinentes. Elles semblent non liées au sujet abordé et créent un questionnement sur la validité de l'information reçue. Il faut quand même tenir compte de ce point de départ et le partager avec notre interlocuteur. C'est à ce moment que les informations appropriées risquent de se glisser. C'est comme enclencher un processus, le point de départ peut nous sembler étrange, mais souvent il précède un flot d'information qui l'accompagnera. C'est comme ouvrir un robinet. Après l'arrivée des premières gouttes d'eau, une affluence continue de messages pourra ensuite se mettre en route.

Voici l'expérience de Guy, un étudiant, qui nous explique comment une simple image d'une roue de charrette s'est transformée afin de le guider à *contacter* un proche disparu : « Un matin, j'ai donné rendez-vous à ma conjointe pour une séance de canalisation, le soir même, à 18 h 30. Lorsque Denise est revenue de sa journée de travail, elle était de bonne humeur, pleine d'énergie et de bonnes vibrations. Je l'ai accueillie comme si elle était une cliente, et une fois que nous avons tous deux été bien installés j'ai commencé la séance. J'étais nerveux et j'avais peur que ça ne fonctionne pas, que je ne connecte pas mais j'ai fait confiance.

» La première chose que j'ai vue, c'était une vieille grosse roue en bois d'une charrette. J'ai pensé : “Bien voyons, je ne vais pas mentionner ça !” Je me suis ensuite souvenu des enseignements et j'ai pris mon courage à deux mains. J'ai commencé à décrire la grosse roue en bois et un film s'est mis à se dérouler. La grosse roue est devenue un jardin de légumes avec des fleurs autour. Une personne y travaillait. J'ai reconnu la grand-mère défunte de ma femme œuvrant dans le potager. À la suite de cette vision, sa grand-mère est venue nous visiter dans notre chambre. Moi, je pleurais à grosses larmes, mais c'étaient des larmes de joie. J'ai pu transmettre à ma femme un merveilleux message de sa grand-mère. Ce fut un très beau moment de paix et de bien-être. C'était incroyable et je vibrais ! »

Ne pas analyser

La réception d'informations provenant de l'au-delà se fait depuis la partie la plus subtile de notre être. Il est parfois difficile pour notre mental de comprendre la signification de ces messages. Le but en canalisation n'est pas d'avoir une signification rationnelle de l'information reçue, mais de la transmettre afin que notre interlocuteur fasse lui-même le lien avec sa réalité.

Il ne faut pas oublier que les messages qui nous parviennent sont à l'intention de l'autre personne qui nous consulte. En essayant d'analyser les images ou les symboles qui viennent à nous, nous émettons une opinion à travers notre propre vécu et notre expérience. Donnons la chance à la personne en consultation de décoder les messages reçus et de comprendre leur signification à la lumière de ses propres expériences. Lorsque nous tentons d'interpréter ce qui se présente à nous, nous « biaisons » le message en l'adaptant à notre propre regard. Par exemple, l'image d'un bateau peut être sans signification précise pour nous, mais elle peut être une réponse à une question importante pour l'individu lors de la séance.

En canalisation, le but est d'être un canal à travers lequel les informations descendent sans l'interférence de notre mental.

L'oubli

Un phénomène particulier, mais spécifique à presque tous les gens qui canalisent, est qu'ils oublient rapidement ce qui a été dit lors de la séance. Sachant que le message reçu ne s'adressait qu'à la personne en consultation, une fois livrée, cette information quitte notre esprit conscient.

Je conçois facilement qu'à la quantité d'informations qui peut passer par nous lors d'une canalisation, l'univers a mis en place ce mécanisme permettant de libérer notre esprit. Comme la canalisation est généralement réalisée pour une autre personne, je considère que l'information ne m'est pas destinée mais qu'elle passe simplement par moi.

J'ai aussi constaté que plus la connexion aux autres mondes est présente, plus notre mental cède du terrain et il devient fréquent que nous ayons l'impression de perdre le fil de nos idées en parlant ou en pensant. C'est un peu comme si nous avions tendance à devenir en contact avec les autres mondes, indépendamment de notre volonté. Alors, le processus habituel de la pensée se met sur *pause* afin de laisser la place aux messages de l'au-delà. Ce n'est pas une perte de mémoire, mais c'est un processus qui permet de libérer notre esprit afin de laisser de l'espace à la canalisation.

Choisir de nourrir le positif

À chaque canalisation, je choisis de ne transmettre que des messages positifs afin d'élever la vibration de la personne. Dans une vibration élevée, l'individu arrivera plus facilement à se libérer de ses anciens schèmes de pensées. Son corps aura aussi la possibilité d'activer sa capacité à s'autorégénérer, car tout ce qui vit est vibration. En élevant la vibration interne de la personne, nous lui donnons la possibilité de se transformer.

En canalisation, notre intention de base doit toujours être de servir la personne et de lui permettre d'obtenir ce qui est le mieux pour elle. Si ce que je reçois ne lui permet pas d'être plus en harmonie et en paix, alors je ne le transmets pas.

Toutefois, avec l'expérience, lors de taux vibratoires élevés et de connexion aux êtres des plans supérieurs, ce ne seront que des informations positives qui viendront à vous. N'oubliez pas que ce que vous partagez avec la personne doit servir à l'obtention d'un mieux-être et la guider vers une plus grande paix.

Les études du Dr Emoto[8]

L'énergie est vibration, car tout ce qui vit est fait d'atomes en mouvement. Que ce soient les roches, les plantes, les animaux et les êtres humains, tous vibrent à une fréquence différente les uns des autres. Nous pouvons dire que les vibrations sont le reflet de la vie.

Dans ce même ordre d'idées, ce que nous disons à la personne en canalisation transforme les vibrations de ses cellules. Par les mots prononcés, nous pouvons donc influencer les vibrations qui composent la personne.

Pour expliquer ce phénomène, le chercheur Emoto, docteur en médecine parallèle formé par l'Open International University for Alternative Medicine de l'Inde, a remarqué que la structure moléculaire de l'eau se modifiait selon les sons émis auprès d'elle.

Pour arriver à cette conclusion, ce chercheur a développé au cours des dernières années une technique consistant à photographier les cristaux congelés de l'eau. Il tenta cette expérience en collant certains mots sur une bouteille d'eau. Il constata que les molécules

---

8. Source : [https://fr.wikipedia.org/wiki/Masaru_Emoto].

gelées de l'eau variaient en fonction du mot inscrit sur la bouteille. Les mots bienveillants, tels *amour* ou *merci*, une fois regardés au microscope, formaient des cristaux magnifiques et lumineux, alors qu'en utilisant les mots *haine* ou *mort*, les cristaux s'amalgamaient en créant des formes disparates et incohérentes.

Les cristaux formés par l'eau variaient selon les mots prononcés. Le Dr Emoto a interprété les résultats de ses recherches comme une preuve tangible que les molécules de l'eau réagissent à ce que nous disons.

Notre corps est constitué de plus de 70 % d'eau. Les molécules d'eau constituant les cellules de notre corps se modifient donc en fonction des mots qui leur sont adressés, de là l'importance de n'apporter que des notions positives à la personne afin d'aider son énergie à atteindre un niveau optimal. Sachant que nous pouvons transformer la structure moléculaire des cellules d'une personne, choisissons de modifier positivement la vibration interne de la personne par des paroles positives.

Chapitre 11

Les pièges à éviter

« Attachez deux oiseaux ensemble :
ils sont incapables de voler.
Pourtant, ils ont deux fois plus d'ailes ! »

– Proverbe soufi

Lorsque nous débutons en canalisation, certains pièges peuvent être mis en place par notre égo afin de nous garder dans un espace connu et nous empêcher de nous transformer. L'égo ne veut pas que nous changions, il tend à nous soustraire à toute transformation intérieure.

Toutefois, lorsque nous arrivons à identifier ces embûches alors qu'elles se présentent à nous, il nous est plus facile de les contourner et de garder le cap sur notre objectif, de laisser libre cours à la canalisation tout naturellement.

Voici les principaux pièges qui peuvent se présenter à vous :

Le syndrome de l'imposteur

L'une des raisons pour lesquelles les gens ont de la difficulté à canaliser est que parfois ils ne se permettent pas (consciemment ou inconsciemment) de telles capacités, et ce, pour toutes sortes de raisons. La question fréquente que j'entends dans mes cours est celle-ci : « Qui suis-je pour canaliser de grands êtres ? » Lorsque certaines personnes obtiennent des résultats tellement impressionnants et au-delà de leurs espoirs, elles se sentent parfois imposteurs.

À travers l'histoire de notre société, la canalisation a souvent été attribuée à une « élite », à des individus choisis qui, eux, possédaient des « pouvoirs spéciaux ». Selon cette façon de voir, les médiums étaient souvent mis sur un piédestal et vus comme des êtres à part.

Par ailleurs, nous avons aussi tous entendu parler d'individus ayant vécu des morts cliniques ou des évènements majeurs dans leur vie et qui ont, à la suite de ces phénomènes, commencé à utiliser des capacités inconnues auparavant. Alors, qu'en est-il de ceux qui n'ont pas vécu de telles expériences avec le paranormal ? Ont-ils les mêmes possibilités ?

Je vous dirais qu'avec les nouvelles énergies présentes sur terre depuis 2012, tous peuvent avoir accès à leurs capacités, car le taux vibratoire de la planète est de plus en plus élevé et il ne fera qu'augmenter avec les années à venir.

En acceptant que nous ayons tous la possibilité de canaliser ces énergies merveilleuses, un lâcher-prise se met en place. Les informations commencent à affluer, souvent par bribes et ensuite de façon continue. La canalisation est un droit divin offert à tous. Ce n'est pas réservé à une élite ou à des gens ayant « supposément » des pouvoirs spéciaux.

Les idées préconçues

Les gens ont souvent des idées préconçues de ce que devrait être la canalisation. Certaines personnes ont des idées très précises de ce que devrait signifier « voir » ou « entendre » dans les autres dimensions. Plusieurs individus ont aussi entendu les récits de médiums célèbres et vu la manière dont ceux-ci canalisent les messages des plans supérieurs. Alors leurs attentes sont souvent élevées et teintées de ces expériences.

Lorsque nous nous mettons disponibles pour la canalisation, il ne nous appartient pas de choisir la manière dont les messages nous parviendront. Il est possible que les messages arrivent d'une manière très claire ou que ceux-ci se présentent dans un espace de brouillard, sans fluidité apparente.

Par ailleurs, les voix perçues peuvent être très distinctes ou se fondre dans un bruit de foule lointain. Certains obtiennent des suites de mots, d'autres reçoivent des images variées, certains voient un film se dérouler devant leurs yeux, d'autres entendent des bribes de chansons dans leurs oreilles. Notre rôle en tant que canal est d'accueillir les messages, quelle qu'en soit la forme.

En canalisation, nous sommes les messagers des plans supérieurs. Nous sommes l'instrument utilisé par les êtres des plans élevés, donc c'est à eux de décider comment l'information se présentera à nous.

À travers nos expériences, il faut aussi nous donner la possibilité d'apprivoiser le processus de canalisation. L'important n'est pas comment les informations affluent à nous, mais simplement d'être dans une vibration d'accueil et d'accepter la manière dont les messages arrivent à nous.

En choisissant de commencer en canalisation sans aucune idée préconçue, en laissant la magie se manifester de la manière dont elle se présentera, alors d'étonnantes surprises peuvent survenir. J'ai vu des étudiants croire qu'ils ne pouvaient pas obtenir d'images ou de sons précis se surprendre eux-mêmes de ce qu'ils recevaient.

Toutefois, cette réalité n'est possible qu'en présence d'une attitude de lâcher-prise et d'ouverture. Alors, la canalisation a la possibilité de se produire naturellement et facilement. Notre rôle est d'accepter de laisser la canalisation se manifester comme le veut le divin.

Devoir travailler fort

Aujourd'hui, le processus de la canalisation se fait plus facilement et rapidement qu'autrefois. Lorsque la personne se retrouve dans cet état de facilité, le mental résiste et parfois lui fait comprendre que ce n'est pas possible, car elle n'a pas travaillé « suffisamment fort » pour y arriver. Nous avons tous grandi dans un monde où nous avons appris à peiner et à travailler d'arrache-pied pour réussir. D'anciennes croyances nous amènent à accorder du crédit au principe de « travailler dur et de bûcher pour réussir ».

Quand la canalisation devient très facile et sans effort, alors la personne se retrouve divisée entre ses anciennes croyances et sa réalité actuelle. Dès cet instant, un élément intéressant se présente : le choix de faire la paix avec cette capacité naturelle de l'être humain, qu'est l'accès à la canalisation. Choisissez de vous mettre dans un état d'acceptation et de non-dualité.

Nous sommes tous des êtres divins. Toutes ces capacités sont le propre de chacun de nous. Nous y avons tous accès. La canalisation peut être simple et facile lorsque nous nous l'autorisons.

N'avoir aucune connaissance en canalisation

Beaucoup de gens croient qu'il faut avoir suivi de multiples formations ou avoir un certain bagage de base pour canaliser les êtres des plans supérieurs. Selon mon expérience, ce sont bien souvent les personnes qui n'ont aucune expérience de la canalisation qui s'installent et transmettent des messages le plus facilement. Ces personnes arrivent pures et sans connaissances acquises à mettre de côté. Elles se risquent à essayer et naturellement la magie s'installe.

Celles qui ont déjà beaucoup de connaissances acquises doivent bien souvent faire abstraction de leurs expériences précédentes afin de s'ouvrir à une nouvelle vision des choses. Toutefois, la plupart des gens y arrivent lorsque ceux-ci se donnent la possibilité de vivre une expérience nouvelle.

C'est par le cœur que se vivent les apprentissages aujourd'hui et non par notre mental. Donc, aucune connaissance préalable n'est requise en canalisation, il suffit d'accepter de se mettre au « niveau du cœur » et de se laisser guider.

La comparaison

Nous sommes tous des canaux à travers lesquels les êtres des autres dimensions désirent communiquer. Chacun reçoit l'information à travers son propre canal.

Comme nous l'avons vu précédemment, chacun perçoit son rôle à la lumière du filtre de sa personnalité et de ses croyances. Alors, comme nous sommes tous différents, il existe une multitude de manières de recevoir l'information.

En débutant en canalisation, certains commencent par entendre des voix, d'autres reçoivent des images claires, certains voient des symboles, d'autres perçoivent des bribes de chansons, certains voient des chiffres, d'autres, des couleurs, etc. Chaque individu capte l'information selon son « modèle unique ».

Le but en canalisation n'est pas de devenir tous semblables, mais de découvrir la façon dont les messages se présenteront à nous. Cela présuppose qu'il ne peut y avoir de comparaison entre les individus.

Parfois, l'égo tentera d'entrer dans ce jeu d'analyse de tout un chacun. On se rappelle que l'égo ne veut pas que vous changiez, donc il s'affairera à vous démontrer que vous n'êtes pas aussi « bon » que les autres. C'est simplement un stratagème de l'égo. Notre rôle consiste à ne pas accorder d'importance à celui-ci et d'accepter que la manière de recevoir l'information soit différente pour chacun.

Ainsi, chaque individu est unique et reçoit l'information selon sa fréquence particulière. Avec l'expérience répétée de la canalisation, toutes les manières de recevoir l'information (clairaudience, clairvoyance, *clairsentience* et clairconnaissance) se manifesteront graduellement à vous, et ce, bien souvent par surprise.

Les images cinématographiques

Beaucoup de croyances proviennent du monde cinématographique où tout est amplifié, dramatisé ou lié au sensationnalisme. Dans le passé, beaucoup de films d'horreur ont fait ressortir l'aspect sombre de la canalisation. Les individus ont souvent tendance à croire que la réalité des autres dimensions est similaire à ce qui nous est montré au cinéma. Selon mon expérience, c'est rarement le cas.

Les films d'horreur nourrissent les peurs collectives, alors que la canalisation des êtres de lumière élève l'âme. À nous de choisir à quelles énergies nous nous associons. Lors de mes canalisations, les images et messages sont très doux et harmonieux. Il est donc intéressant de différencier la canalisation des hautes sphères vibratoires du sensationnalisme cinématographique.

Notez que les informations que vous recevrez par votre canal dépendront de votre intention de base et du taux vibratoire dans lequel vous vous placerez pour canaliser.

La peur de canaliser les basses énergies

Une peur très présente chez beaucoup de gens est celle de capter des énergies négatives. Il est vrai qu'il existe une grande variété d'énergies dans les autres dimensions. La meilleure façon de ne capter que des énergies positives est d'être dans l'amour, d'avoir le désir qu'il arrive ce qu'il y a de mieux pour l'autre, de choisir de servir et de contribuer à un plan plus grand que nous.

Lorsque vous vibrez dans des intentions élevées, vous vous connectez à des énergies supérieures. Il va de soi qu'en travaillant avec l'aide des anges, des guides et des maîtres ascensionnés qui sont une source d'amour infinie, vos vibrations seront automatiquement élevées.

Toutefois, lorsque la peur s'empare de vous, il faut tenter d'élever votre taux vibratoire et d'être dans une vibration d'amour et de joie. Tout part de votre vibration interne et de votre intention. En vous centrant sur l'amour, la joie et la compassion, votre fréquence vibratoire augmentera et vous vous mettrez au diapason du divin en vous.

Le canal de lumière

En tant qu'humains, nous pouvons parfois nous retrouver malgré nous dans un espace où la peur, le doute ou l'inquiétude dominent. Si nous avons peur de *contacter* de basses énergies, conséquemment, notre énergie faiblit, car la peur abaisse notre taux vibratoire.

Il peut arriver que vous sentiez des présences ayant de basses énergies auprès de vous ; il est possible qu'il s'agisse d'êtres qui sont attirés par votre lumière intérieure et qui désirent passer dans la lumière. Plus vous vous connecterez aux êtres hautement vibratoires, plus votre lumière intérieure sera éblouissante. Ce ne sont pas des êtres qui vous veulent du mal, mais des êtres désespérés qui cherchent un moyen pour traverser de l'autre côté du voile. Ils sont attirés par votre luminosité et ils cherchent un chemin pour retourner dans l'autre monde.

Ainsi, pour aider ces êtres à quitter notre monde et à traverser le voile, visualisez un magnifique canal de lumière devant vous. Imaginez qu'il part du sol et qu'il s'élève jusqu'à deux ou trois mètres devant vous. Ce canal peut être d'une couleur blanche et lumineuse ou légèrement dorée. Placez ce canal de lumière devant vous et imaginez les êtres entrer dans celui-ci par sa base et monter vers le ciel. C'est comme prendre un ascenseur de lumière. Il est possible d'entendre un sifflement sourd lorsque les êtres passent par ce canal lumineux.

Je considère comme un acte d'amour celui d'aider les êtres à passer dans la lumière. Communément, ce geste est appelé « faire du passage d'âmes ». Nous avons tous la possibilité d'aider les âmes errantes à traverser dans la lumière en utilisant ce canal lumineux.

En possédant un taux vibratoire élevé, vous pourrez choisir d'apporter une aide aux êtres de basses vibrations. Dans cette situation, c'est votre intention de porter assistance aux âmes dans le besoin qui guidera vos actions. En haussant votre fréquence vibratoire, vous pourrez choisir à quelles énergies vous *connecter* et ainsi devenir un merveilleux instrument du divin.

Le Cloître de Cahors

Voici un exemple où nous avons choisi de créer un canal de lumière afin de libérer des êtres attachés à la terre. Les êtres attachés à la terre sont des êtres qui ne sont pas passés dans la lumière et qui restent entre deux mondes à errer, attendant généralement que quelqu'un d'incarné les guide vers la lumière.

En mai 2015, nous sommes allés en France, mon mari et moi, attirés par le désir de renouer avec le pays de nos ancêtres. Nous avions la possibilité de faire ce voyage en groupe et accompagnés de certains de nos étudiants.

Lors de notre périple, l'une des premières visites que nous allions réaliser était de visiter le cloître de Cahors. En entrant dans l'église pour nous rendre au cloître, une énergie lourde nous a tout de suite envahis. La chapelle était faiblement éclairée, ajoutant un aspect inquiétant à cette petite église. Plus nous approchions du cloître, plus l'énergie se densifiait.

Puis, nous sommes entrés dans le cloître et nous avons aperçu au centre un petit jardin. Celui-ci était entouré de corridors et de colonnes formant un carré. En regardant autour de nous, nous pouvions voir que toutes les fenêtres étaient protégées par des barreaux taillés en fer forgé. Personne ne pouvait en sortir ni y entrer autrement qu'en passant par la chapelle.

En regardant vers le jardin, un ange magnifique m'est apparu me disant qu'il y aurait de grandes libérations en ce lieu aujourd'hui, que cela avait été prévu.

Je ressentais en moi que j'avais déjà vécu dans cet endroit et que j'y étais décédée. Une amie m'accompagnant me confirma avoir la même impression pour elle-même. Nous nous étions connues dans cet endroit lors d'une autre vie. Nous y avions vécu ensemble et, de nouveau, nous nous retrouvions là afin de couper les liens nous rattachant à cette époque. Beaucoup d'âmes errantes séjournaient encore dans ce lieu attendant une aide afin de traverser le voile.

Accompagnées des autres membres du groupe, nous nous sommes déplacées instinctivement et nous avons formé un cercle au centre du jardin. Quatre personnes se sont placées naturellement aux quatre coins du jardin. Tous ensemble, nous avons demandé l'aide de l'archange Michaël afin de créer un canal de lumière permettant aux âmes restées en ce lieu de partir vers l'autre dimension.

Un magnifique tourbillon énergétique s'est créé et certaines personnes ont vu les plantes, au centre du cercle, se mettre à bouger. Une centaine d'âmes sont passées dans la lumière en faisant un son semblable à celui d'un gros coup de vent. C'était magique. Nous avions à être dans cet endroit afin de libérer les êtres restés attachés à la terre et de fermer la boucle avec notre passé.

Nous en sommes ressortis soulagés, légers et heureux. Nous pouvions sentir qu'un poids énergétique avait quitté le cloître.

Le canal de lumière au cloître de Cahors

Résumé du chapitre

Voici un tableau synthétisant les principaux pièges de la canalisation auxquels nous pouvons être confrontés lorsque nous entrons dans ce processus. En contournant ces obstacles et en visant les éléments qui facilitent la canalisation, il nous est possible d'accéder plus facilement à la magie de la canalisation.

Tableau des principaux pièges à éviter

Ce qui nuit à la canalisation	Ce qui facilite la canalisation
Le syndrome de l'imposteur	Acceptez que la canalisation soit un droit divin offert à tous. Ce n'est pas réservé à une élite ou à des gens ayant des dons spéciaux.
Les idées préconçues	Laissez la canalisation se manifester comme le veut le divin et non selon votre volonté personnelle.
Devoir travailler fort	Retenez que canaliser peut être simple et facile.
N'avoir aucune connaissance en canalisation	Reconnaissez qu'aucune connaissance particulière n'est requise. Acceptez seulement de vous mettre au niveau du cœur.
La comparaison	Sachez que chacun est unique et reçoit l'information selon sa fréquence particulière.
Les images cinématographiques	Différenciez la canalisation du sensationnalisme.
La peur de canaliser les basses énergies	Centrez-vous sur l'amour, la joie et la compassion. Votre fréquence vibratoire augmentera et vous vous mettrez au diapason du divin en vous.

Chapitre 12

Qui peut-on canaliser ?

« Apprenez à poser le même regard sur tous les êtres et à voir le Soi en toute chose. »

– SRIMAD BHAGAVATAM

Les êtres se présentent à vous car ils voient, des autres dimensions, que vous pouvez recevoir et transmettre leurs messages. Un seul être ou plusieurs êtres peuvent se manifester lors d'une canalisation. Parfois, certains viennent ensemble ou un à la suite de l'autre. Le jour où vous dites oui à la canalisation, les êtres des mondes supérieurs sont heureux de s'associer à vous afin de transmettre leurs messages bienveillants.

Voici différents êtres qui peuvent venir à votre rencontre en canalisation. Cette liste n'est pas exhaustive, car selon votre vibration unique, vous attirerez d'autres êtres hautement vibratoires concordant avec votre énergie :

- ◊ Les archanges
- ◊ Les anges
- ◊ Les grands maîtres
- ◊ Les guides
- ◊ Les proches disparus
- ◊ Les élémentaux
- ◊ etc.

Les archanges

Les archanges sont les chefs de nos anges gardiens. Ce sont des êtres de pur amour qui n'ont jamais été incarnés sur terre. Ils règnent sur les domaines célestes afin d'aider l'humanité dans son évolution. Ce sont les êtres les plus près de Dieu. Ils détiennent une sagesse innée et se montrent disponibles afin de nous guider dans notre chemin de vie. Ils portent un amour inconditionnel envers l'humanité.

Il existe une multitude d'archanges et chacun d'eux porte une vibration particulière. Cette énergie spécifique leur permet de nous apporter leur aide dans des domaines différents. Par exemple, l'archange Michaël est celui de la protection. L'archange Gabriel est celui de la communication, l'archange Raphaël est celui de la guérison, etc.

Lorsque les archanges viennent communiquer avec nous en canalisation, c'est toujours avec un regard bienveillant et rempli de compassion.

Les anges

Lorsque l'on parle des anges, c'est habituellement de nos anges gardiens qu'il est question. Nos anges gardiens sont des anges qui nous ont été attribués à la naissance. Dans la plupart des cas, nous en avons au moins deux qui nous accompagnent durant toute notre vie. Ce sont nos protecteurs. Ils veillent sur notre santé et notre sécurité. Ce sont nos compagnons de tous les jours.

En canalisation, ils viennent nous informer d'évènements importants afin de nous orienter vers un chemin sûr et bénéfique pour nous. Ce sont nos collaborateurs divins. Ils nous livrent des messages empreints de bonté et de compréhension.

Les grands maîtres

Les grands maîtres, ou maîtres ascensionnés, sont des êtres qui ont vécu sur terre et qui ont contribué à l'évolution de l'humanité. Leur cheminement et leur élévation de conscience ont fait d'eux des symboles d'éveil spirituel. Ils sont devenus des guides et des modèles de vertu. Ce sont des êtres bienfaisants qui indépendamment de leur culture ou de leur religion se sont démarqués afin d'apporter la lumière sur ce monde. Parmi ces divinités, on retrouve Bouddha, Ghandi, maître saint Germain, Lady Nada, Krishna, Jésus, Marie, Babaji, Ganesh, et bien d'autres.

Certains de ces êtres ont quitté ce monde par une mort physique, alors que d'autres ont ascensionné un autre plan de conscience en amenant leur corps physique avec eux (d'où le terme *ascensionnés*). Canaliser ces grands êtres nous donne accès à leur sagesse infinie.

Les guides

Les guides sont des êtres qui ont déjà été incarnés et qui acceptent de nous accompagner dans notre chemin évolutif. Ils peuvent être des amis ou parents que nous avons côtoyés durant cette incarnation ou lors d'une vie précédente.

Les guides qui sont auprès de nous peuvent varier fréquemment au cours de notre vie. Dépendamment des étapes que nous vivons, de nouveaux guides remplaceront les anciens afin de nous apporter leur guidance. Ainsi, lorsque nous sommes aux études, un ou des guides nous accompagneront dans notre cheminement d'apprentissage.

En canalisation, les guides profitent de cette occasion de proximité afin de nous orienter vers des choix sains pour nous. Leur guidance est remplie de compassion et de compréhension. Ayant été incarnés et ayant passé, bien souvent, par les mêmes étapes de vie que nous, ils s'avéreront de merveilleux compagnons de route.

Les proches disparus

Une fois le plan terrestre quitté, les individus que nous avons côtoyés passent à un autre plan de conscience où une quiétude s'installe graduellement en eux. Les proches disparus que nous avons aimés ressentent le désir de communiquer avec nous afin de nous rassurer sur leur condition dans l'autre monde.

Revenir dans le plan terrestre leur demande beaucoup d'énergie, et parfois, ils ne livrent que de simples messages comme « je vais bien », « je t'aime ».

À d'autres moments, en canalisation, certains défunts viennent régler des situations en suspens ou non terminées. Le fait de pouvoir boucler la boucle sur un problème leur permet d'atteindre une plus grande paix de l'autre côté. Parfois, cette paix est aussi ressentie par la personne toujours incarnée. Une grande libération s'ensuit.

Avec une intention pure et en maintenant un haut taux vibratoire, vous aurez le choix de vous connecter avec des personnes décédées venant livrer des messages d'amour ou de leur offrir votre aide afin de les accompagner dans un processus de libération, les menant vers une plus grande paix.

Les élémentaux

Les élémentaux sont aussi appelés les « êtres de la nature ». Cette catégorie d'êtres comprend principalement les fées, les elfes, les gnomes et les lutins. Ce sont des êtres pétillants de joie et de gaieté. En canalisation, ils se manifestent afin d'amener de la joie et le rire dans la vie des gens. Leur vibration est pleine de vitalité et les plaisirs simples de la vie sont leur lot quotidien.

De plus en plus de gens commencent à *contacter* les êtres de ces mondes magiques. Autrefois perçus comme des êtres imaginaires, les élémentaux se manifestent de plus en plus dans la vie de tous les jours et en canalisation. Plusieurs pays scandinaves vouent un respect à ces êtres et vivent en harmonie avec eux. Nous retrouvons principalement les élémentaux dans la forêt, cachés derrière les arbres, surveillant notre relation avec l'environnement et les animaux.

La représentation

Tous ces êtres, anges, archanges, maîtres ascensionnés, guides, proches disparus et élémentaux, peuvent se présenter à vous selon des représentations différentes.

Ces merveilleux êtres peuvent décider de prendre une forme facilement reconnaissable pour chacun de nous. Voilà pourquoi certains artistes ont peint le même archange avec un visage différent. C'est ce que j'appelle nos « images personnelles ». Ces êtres utiliseront le visuel ou le symbole le plus près de votre réalité afin de prendre une image qui a un sens pour vous. Voilà pourquoi différents visages sont attribués aux êtres des autres mondes.

Personnellement, la vierge Marie se manifeste à moi vêtue en blanc et bleu, comme elle est identifiée sur les sculptures religieuses. Certains de mes étudiants la voient toute habillée de rose. Cette couleur personnifie la douceur pour eux.

Dans ce livre, je vous parle des différents êtres que nous pouvons canaliser. En réalité, tous ces êtres sont des formes-énergies prenant un visage que nous pouvons facilement identifier en tant qu'humains. Concrètement, ils n'ont pas de forme précise, et étant des énergies vibratoires, ils choisissent de se présenter selon un mode identifiable pour nous. Étant habitués à voir des visages humains ou personnifiés, ces êtres ajustent leurs représentations afin que nous puissions les différencier.

Le « Un »

Dans les autres dimensions, il n'y a pas de différenciation et de séparation. Tous font partie du Un. La notion de différence ou de séparation ne s'applique qu'à notre monde terrestre. Dans les autres mondes, tout et tous sont interreliés. Ils font partie du grand tout. Alors, pourquoi disons-nous que nous canalisons différents êtres ? Eh bien, c'est parce que nous canalisons différentes formes-énergies faisant partie de ce grand tout.

En tant qu'humains incarnés, nous avons de la difficulté à percevoir cette unité, mais elle est tout aussi réelle que notre monde l'est.

Chapitre 13

Comment reconnaître la présence d'êtres hautement vibratoires ?

« C'est par la foi que l'on peut traverser les courants. Et c'est par la sagesse que l'on obtient la pureté. »

– Bouddha

Voici certaines caractéristiques qui permettent de reconnaître que les messages que vous recevez ne proviennent pas de votre propre individualité, mais d'une puissance supérieure :

La sensation de bien-être

L'élément le plus important afin de reconnaître un être hautement vibratoire est le sentiment de bien-être en sa présence. Une canalisation réalisée avec des êtres des mondes supérieurs nous procure un sentiment de joie et de paix. Par leurs vibrations élevées, en communiquant par notre intermédiaire, ces êtres nous enveloppent de leur énergie d'amour, ce qui nous nourrit intérieurement. Une sensation de pure joie ou de bonheur paisible peut s'installer en vous. Lorsqu'un sentiment apaisant se glisse en vous, c'est une confirmation que les êtres que vous *contactez* possèdent des taux vibratoires élevés.

Un langage inhabituel

Il est étonnant de constater comment certains êtres utilisent un langage différent du nôtre. Le vocabulaire utilisé par les grands êtres est souvent très recherché et les mots transmis ne sont pas ceux employés dans mon langage usuel, parlé ou écrit. Il arrive parfois que je doive même chercher dans le dictionnaire pour obtenir la signification d'un mot afin d'en clarifier le sens.

Certains termes particuliers peuvent être spécifiques à l'être canalisé. Celui-ci peut utiliser des expressions ou des formulations bien spéciales. Souvent, des tournures de phrases utilisées lors de plusieurs canalisations peuvent aussi servir d'indices afin d'identifier notre interlocuteur. Ainsi, le maître saint Germain généralement canalisé par Pierre Lessard, médium, débute toujours ses élocutions par *Chères âmes*... C'est un peu comme une signature verbale spécifique à lui.

Il est possible de canaliser un être d'une autre époque (Moyen Âge, Égypte antique, etc.). Dans cette situation, il arrive souvent que le langage soit en ancien français ou poétique. Certains grands êtres s'expriment aussi en rimes ou en prose. Il est merveilleux de constater que ces grands êtres gardent les mêmes formulations que lors de leur incarnation. Les expressions et le langage sont reconnaissables d'une canalisation à l'autre.

Parfois, l'être que nous canalisons s'exprime dans une langue différente de la nôtre. Bien souvent, les êtres de l'autre dimension useront de télépathie pour s'exprimer. Toutefois, lorsqu'ils le désirent, ils peuvent utiliser une langue spécifique telle que le chinois, l'allemand ou autre afin de nous fournir des indices pour les identifier.

Malgré ce langage inhabituel, un sentiment de paix doit toujours ressortir de ces échanges.

De nouvelles connaissances

La canalisation nous apporte de nouvelles connaissances. Qu'il s'agisse de savoirs de l'époque actuelle ou de temps anciens dans l'histoire de notre monde, il est possible de *contacter* des informations sensiblement perdues depuis longtemps.

Certains propos énoncés peuvent dépasser nos connaissances habituelles, c'est-à-dire que les êtres partagent avec nous des informations que l'on ne pouvait pas connaître auparavant. Cette constatation nous permet de réaliser que ces informations ne proviennent pas de nous, mais d'un autre être.

Par exemple, dans mon deuxième livre, *Les enseignements de Lady Nada – Grande Prêtresse de l'Atlantide*, celle-ci me donnait la définition du cœur cosmique, une définition inconnue de moi auparavant, dans un langage non semblable au mien : « Le cœur cosmique est ce cœur qui se greffe à l'ensemble de nos expériences, mais aussi aux expériences des êtres des autres dimensions. Le cœur cosmique est cette vibration qui bat l'unité et qui guide l'ensemble des constellations et des dimensions dans un mouvement uniforme et coordonné. Tout provient du tout et tout retourne au tout. C'est un cœur faisant partie du grand tout qui unit tous les êtres vers un but commun, l'amour » (p. 133).

La canalisation devient alors un réservoir inépuisable de savoirs et de connaissances auxquels nous ne pouvions avoir accès auparavant.

Différentes énergies

Les êtres des autres mondes possèdent des énergies différentes qu'il est possible de distinguer avec de l'entraînement.

Les grands maîtres

Les grands maîtres ont une énergie chaude et puissante. Lorsqu'ils s'approchent de vous, vous sentez une chaleur monter en vous. Vous pouvez avoir les joues qui rougissent à cause de la chaleur qu'ils émanent. La chaleur peut être intense ou peut être simplement une tiédeur enveloppante selon l'énergie de l'être en présence.

J'ai toujours très chaud lorsque de grands êtres se manifestent à moi. Les premières fois que j'ai canalisé Lady Nada, grande prêtresse de l'Atlantide, mes joues sont devenues très rouges et tout mon corps ressentait l'intensité de son énergie. Il m'a fallu des mois d'adaptation pour être en résonance avec elle et ne plus ressentir cette chaleur. Aujourd'hui, mon énergie s'est adaptée à sa vibration et ce phénomène ne se manifeste plus.

Les saints

Certains saints connus ou grands êtres ayant eu une vie spirituelle remarquable dans notre monde peuvent se manifester à nous par des odeurs florales.

Un jour, l'une de mes amies était allée prier devant le tombeau d'une sainte dans une ancienne église. En s'agenouillant devant la tombe de cette femme, une prodigieuse odeur de rose est montée à son nez. Pourtant, il n'y avait aucun rosier ou bouquet aux alentours.

Lady Nada s'est déjà manifestée à moi et à certains de mes étudiants par une magnifique odeur de rose lors d'une pratique énergétique. C'est une manière qu'elle a trouvée pour nous démontrer sa présence.

Les anges et les archanges

Pour leur part, les anges ont bien souvent une énergie douce et fraîche. Lorsqu'un ange se manifeste, il est fréquent de ressentir un vent de fraîcheur autour de nous. Certaines personnes disent avoir la sensation d'un frôlement d'ailes sur leur peau. Les anges possèdent une énergie très légère et enveloppante.

Certains archanges, selon leur mission, ont des énergies très puissantes, comme Métatron, l'ange de la géométrie sacrée, et Sandalphon, l'ange de la transformation. Ces archanges sont venus apporter des transformations majeures dans notre monde. Lorsqu'ils se présentent en canalisation, c'est dans le but d'offrir de nouveaux outils à l'humanité.

Les proches disparus

Les défunts ont une énergie plus froide et en leur présence l'énergie de la pièce où nous sommes devient plus lourde. Cela est associé au fait que les personnes décédées ont un taux vibratoire plus bas que les anges et les grands maîtres. Toutefois, lorsque je canalise des défunts, j'accepte de le faire uniquement dans le but de transmettre des messages d'amour. Dans ces conditions, l'énergie est douce et agréable, même si nous sommes en présence de personnes décédées. (Je parlerai plus en détail dans le prochain chapitre de la façon d'établir nos règles avec les autres dimensions afin de ne rester que dans des énergies positives.)

Les élémentaux

Les élémentaux ont des énergies pétillantes qui augmentent notre vitalité et notre joie de vivre. En leur présence, nous nous sentons vivifiés et revigorés. Parmi ceux-ci, nous pouvons retrouver les elfes, les fées, les lutins, les gnomes, etc. Ils apportent joie et légèreté à notre monde. Leur vibration magique contribue à nous reconnecter à notre essence divine par le jeu et le rire.

Graduellement, vous arriverez à identifier les différentes énergies hautement vibratoires. Alors, cela deviendra un plaisir d'accueillir ces merveilleuses énergies en canalisation.

Chapitre 14

Choisir à quelles énergies se connecter

« Il y a quatre pensées illimitées : l'amour, la compassion, la joie et l'égalité d'âme. »

– Bouddha

Dans les autres dimensions, lorsque nous choisissons de servir de canal, il nous est possible de décider avec quelles énergies nous voulons communiquer. En canalisation, tout est une question de taux vibratoire et d'intention. Lorsque votre fréquence vibratoire est élevée et guidée par votre intention, vous pouvez choisir de vous *connecter* à des énergies positives et puissantes. Si votre vibration interne est basse, il est possible d'élever votre taux vibratoire à l'aide des exemples énumérés dans le chapitre 4. Soyez conscient que vous attirez les êtres des plans supérieurs par correspondance énergétique. Alors, il vous appartient de monter votre taux vibratoire et de sélectionner à quelles énergies vous désirez vous connecter.

C'est nous qui avons le pouvoir de sélectionner les êtres et les énergies qui nous conviennent. Nous ne sommes pas des instruments passifs au service du divin. En tant qu'êtres incarnés, nous pouvons opter pour ce qui nous convient le mieux. Je dis souvent à mes étudiants qu'en tant qu'êtres incarnés, nous sommes deux fois plus puissants que les êtres des autres mondes. Nous avons un corps physique et un corps de lumière. C'est par notre volonté et nos croyances que nous pouvons exercer ce choix.

S'il est clair que vous ne voulez donner l'accès qu'aux êtres lumineux qui vous mèneront vers une plus grande conscience, alors c'est ce sentiment qui dictera à quels êtres vous vous connecterez. Il faut toutefois avoir la conviction profonde de cette réalité pour qu'elle se manifeste. Ce n'est plus de l'ordre du désir. C'est plus une certitude profonde au cœur de notre être.

Demander qui l'on canalise

Lorsque l'on débute en canalisation, il peut être intéressant de demander le nom de l'être que l'on canalise. Habituellement, les êtres se nommeront avec plaisir. Toutefois, si vous n'obtenez pas le nom de votre interlocuteur, fiez-vous à votre senti afin de valider s'il s'agit d'un être hautement vibratoire.

Refuser toute canalisation non hautement vibratoire

Quel que soit l'être qui communique avec vous, même si c'est un être hautement vibratoire, vous avez toujours la possibilité (le libre arbitre) de choisir de faire ce qui vous est demandé ou de le refuser. Si cette demande crée un malaise en vous ou si vous ne vous sentez pas à l'aise avec celle-ci, alors refusez cette demande.

Le but des messages des êtres des plans supérieurs est de vous procurer un sentiment de paix et de bien-être. Si ce n'est pas le cas, alors mettez de côté cette demande et centrez-vous sur ce qui vous procure de la paix et de la joie. Les êtres de lumière des plans supérieurs sont auprès de vous pour vous guider vers plus de bonheur et non pour générer des situations vous causant des malaises.

Ainsi, si vous ressentez une hésitation, si le discours qui vous est tenu ne permet pas de vous guider vers une plus grande paix, alors refusez cette canalisation et refaites les exercices du chapitre 4 afin de hausser votre taux vibratoire.

Soyez honnête envers vous-même si vous faites les exercices, mais si vous continuez à vibrer dans la peur, ce sera votre vibration qui gagnera et non votre intention. Alors, lâchez prise et soyez dans l'assurance que ce ne seront que des êtres des sphères supérieures qui se présenteront à vous. Vibrez dans une énergie d'amour, centrez-vous sur le service désintéressé et sur votre cœur.

Et si, malgré tous vos essais, de basses énergies se présentent encore à vous, cessez la canalisation et reprenez uniquement lorsque votre énergie vibrera à une fréquence plus élevée. Par ailleurs, vous pouvez aussi installer un canal de lumière afin de guider les basses énergies vers la lumière.

Établir ses règles

Lorsque vous acceptez de devenir un canal, plusieurs êtres tenteront de communiquer par votre intermédiaire. Il se peut que ce soit dans des circonstances où vous n'êtes pas disponible, ou certains peuvent même venir vous réveiller la nuit pour transmettre un message. Si leur présence n'arrive pas à un temps opportun, offrez-leur un temps autre qui vous convient mieux.

Il est à noter que de trois à cinq heures du matin, c'est généralement la période préférée des grands maîtres. Durant ces heures de calme, où l'ensemble des gens est en phase de repos, il devient plus facile pour eux de se connecter à vous.

Si des êtres vous réveillent à trois heures durant la nuit et que cela vous incommode, donnez-leur un rendez-vous précis, soit le lendemain soir ou à tout autre moment de votre choix. Alors, ils vous laisseront dormir paisiblement. Toutefois, soyez au rendez-vous fixé le lendemain afin de recevoir les informations prévues. Ainsi, vous jouerez votre rôle de canal et eux pourront communiquer leurs messages.

Comment fermer son canal pour ne pas tout capter

La majorité des médiums choisissent les temps où ils se mettront disponibles pour les énergies supérieures et ceux où leur canal de communication n'est pas disponible. Vous pouvez choisir quand ouvrir ou fermer votre canal. Par exemple, Lisa Williams, médium de renommée internationale, met un chapeau sur sa tête comme symbole que le canal de communication est fermé. C'est un code parmi tant d'autres qui clarifie sa disponibilité ou non aux êtres des autres plans de conscience.

Personnellement, je me mets disponible pour *contacter* les êtres des autres dimensions uniquement lorsque j'offre une consultation ou que je suis en écriture. Le reste du temps, j'ai une vie standard où je vaque à mes occupations quotidiennes. Il est rare que des êtres m'apparaissent par surprise. Les seuls que j'autorise à venir en tout temps, ce sont les anges et les grands maîtres, à cause de leurs énergies hautement vibratoires. Les autres êtres (défunts, élémentaux, guides, etc.) ne peuvent se manifester que lors des consultations. C'est une règle que j'ai établie avec eux et celle-ci se ressent dans ma vibration.

Dans mon esprit, la porte est fermée en tout temps aux êtres ayant de basses vibrations, ce qui se ressent dans mon énergie. C'est cette conviction ferme et claire qui décide de la fermeture à ce qui ne me convient pas.

Résumé

- ◊ Vous avez le pouvoir de choisir quand vous vous mettez disponible pour recevoir les messages des êtres de l'au-delà. Vous pouvez demander avec qui vous canalisez.

- ◊ Refusez toute canalisation non hautement vibratoire.

- ◊ Établissez vos règles. Ayez une idée claire de ce que vous permettez aux êtres de l'autre monde, c'est votre conviction claire et ferme qui décide.

- ◊ Fermez votre canal lorsque vous n'êtes pas disponible. C'est vous qui avez le contrôle. Si nécessaire, allouez des moments précis aux êtres des plans supérieurs afin qu'ils communiquent avec vous.

Chapitre 15

Trouver son unicité

« Je deviens ce que je vois en moi-même.
Tout ce que la pensée me suggère, je peux le faire,
tout ce que la pensée me révèle, je peux le devenir.
Telle devrait être l'inébranlable foi de l'homme
en lui-même, car Dieu habite en lui. »

– Sri Aurobindo

Comme il existe une variété d'individus, il existe une variété de canaux. Nous avons tous une façon différente de recevoir l'information provenant des êtres des plans supérieurs. L'objectif en canalisation n'est pas de nous uniformiser, mais de découvrir notre couleur particulière et de trouver comment nous captons les messages des autres mondes. Le « modèle » sur lequel nous sommes faits est unique et évolue avec nous dans le temps et l'espace.

Selon mon expérience, toutes les variétés de canalisateurs sont possibles. Au cours des années, j'ai vu des individus canaliser les énergies des archanges, de certains sages, des elfes, des fées, etc. D'autres ont canalisé l'énergie des chamanes, certains ont pu apercevoir une rangée de personnes décédées désirant leur parler et obtenir systématiquement les noms de chacun des défunts. Une multitude de possibilités existent, autant qu'il y a de personnes. Voilà la beauté de la canalisation.

Chacun son code

Un code est une manière spécifique à chacun qui lui permet de percevoir une confirmation qu'il est bien connecté à des dimensions supérieures.

Il peut être intéressant de regarder comment les individus se sentent lorsque la connexion aux plans supérieurs est établie. Concrètement, certains de mes étudiants ressentent des picotements au-dessus de leur tête. Comme l'information entre par le dessus de leur tête (chakra couronne) sous forme de lumière, une chaleur se fait ressentir sur le dessus de leur crâne. Je peux parfois voir une lumière blanche translucide descendre au-dessus de la personne et entrer en elle lorsqu'elle est bien connectée.

Un autre code est que certaines personnes manifestent un léger balancement corporel de gauche à droite ou de l'avant à l'arrière. Ces mouvements se font harmonieusement et sans heurts. C'est comme un mouvement de balancier se faisant tout en douceur. Certaines autres personnes ont un balancement, mais uniquement de la tête. Celle-ci ballote d'un côté et de l'autre gracieusement. J'ai remarqué ces signes particuliers lorsque les messages affluent en abondance vers le praticien.

D'autres individus ferment les yeux et tournent leur tête dans une direction spécifique pour tendre l'oreille à des propos provenant d'ailleurs. Toute leur attention se retrouve dirigée vers la communication avec un être près d'eux.

Quelques-uns de mes étudiants ont des larmes qui coulent sur leurs joues lorsque le contact avec les dimensions subtiles est établi. Ils ne sont pas tristes. C'est simplement la manière dont la connexion est confirmée chez eux.

Afin de bien recevoir les messages des plans supérieurs, certaines personnes préfèrent demeurer dans une position immobile, alors que d'autres doivent bouger ou être dans l'action pour recevoir l'information. De plus, quelques-uns de mes étudiants choisissent de rester en position assise pour canaliser, alors que d'autres se connectent mieux à l'au-delà en étant debout.

Il existe une multitude de codes en canalisation et chacun possède sa manière unique de se connecter aux plans supérieurs. Plus j'enseigne à des gens différents, plus je découvre de nouvelles personnes, plus je ne peux que constater la variété grandissante de codes en canalisation. De là la beauté de l'unicité de chacun. À la lumière de la diversité de canalisateurs, chaque individu se connecte à sa manière aux êtres hautement vibratoires afin de livrer des messages bénéfiques à l'évolution de chacun.

Chapitre 16

L'accès aux vies antérieures

« Écoute ton cœur. Il connaît toute chose parce qu'il vient de l'Âme du Monde et qu'un jour, il y retournera. »

– Paulo Coelho

En canalisation, il peut arriver que nous ayons accès aux vies antérieures d'une autre personne ou à nos propres vies passées. Le contact avec les vies antérieures permet de nous connecter à des souvenirs passés et de libérer des mémoires cellulaires emmagasinées en nous. Souvent, nous portons encore les vestiges énergétiques de différentes vies passées.

Lorsque nous gardons en nous ces mémoires énergétiques, nos agissements et notre façon de réagir sont teintés de ces souvenirs inconscients. Ces mémoires énergétiques influencent ou peuvent même freiner notre plein épanouissement. Bien souvent, en prenant contact avec ces souvenirs, une fois qu'ils sont portés à notre conscience, un processus de libération s'installe et ceux-ci quittent automatiquement notre énergie. En nous en libérant, nous reprenons notre pouvoir et sommes plus libres.

En canalisation, je ne « force » jamais pour avoir accès aux vies antérieures. J'ai constaté que les images se présentent d'elles-mêmes lorsque le moment est propice.

Les images reçues en canalisation sont souvent très réalistes, tel un film en trois dimensions. Il peut être intéressant d'apprendre à identifier les monuments, l'habillement des gens et le décor afin de se situer dans le temps. Vous pouvez aussi demander à votre guide personnel à quelle époque se situent ces visions. Il peut être étonnant de constater avec quelle précision on obtient des réponses des êtres des dimensions élevées.

Certaines vies antérieures peuvent aussi nous donner des informations sur un travail particulier que nous avons exercé antérieurement ou nous offrir des images de lieux que nous aurions pu habiter dans une autre époque. Ces informations peuvent sembler parfois anodines, mais elles servent de guide dans notre recherche de connaissance de nous-mêmes.

Voici donc un exemple où une vision d'une vie antérieure m'a été donnée afin de me reconnecter à mon passé.

La visite d'un château ancestral

Au printemps 2015, mon mari et moi avons participé à un voyage de groupe en France et celui-ci nous a permis de visiter plusieurs châteaux ancestraux. Arrivés à un premier château, nous avons commencé la visite pièce par pièce. À l'entrée d'une salle avec un grand foyer, une voix me dit à l'oreille que dans un coin de la pièce se trouvait l'endroit que je préférais dans cette demeure. En regardant cet espace, je vis qu'il y avait un mannequin en armure représentant un seigneur de l'époque.

Je me suis donc assise sur une chaise afin d'observer l'endroit. C'est alors que des images d'une vie antérieure me sont apparues devant les yeux. Je me voyais, à cinq ans, à l'époque des chevaliers, courant dans la pièce avec une belle robe longue dans des tons de rose. Deux dames étaient assises sur des chaises en train de broder. Je voyais clairement leurs vêtements, elles portaient de longues robes brun-crème et avaient des coiffures hautes. L'une d'entre elles était ma mère.

En tant que fillette, je me suis vue courir à travers le château jusque dans une autre pièce. À la fenêtre, je voyais trois chevaliers en armure avec des capes argentées arriver au château. Par la suite, les images ont disparu.

J'ai participé au reste de la visite du château avec un sentiment étrange. Dorénavant, je savais que j'avais vécu dans ce château. J'étais capable d'identifier l'utilité de chaque pièce, à l'époque chevaleresque. Je saluai le propriétaire d'environ quatre-vingts ans en réalisant que nous avions un lien plus profond que je n'aurais pu le penser. Dans la vie, il n'y a pas de hasard. Je crois qu'en me reconnectant à ces mémoires et en les ramenant à la conscience, j'ai eu accès à une parcelle de mon histoire passée.

Je comprenais maintenant mon désir d'aller en France pour me reconnecter à mes origines. Toutefois, l'accès aux vies antérieures nous permet aussi de faire de merveilleux voyages dans le temps. Voici un exemple où j'ai *contacté* des visions d'une époque très ancienne.

Une époque lointaine

Lors d'une formation, j'ai eu accès à une vie antérieure de l'une de mes étudiantes. L'information reçue m'a permis de constater le rôle qu'elle avait joué dans une époque lointaine, en Atlantide.

Diane était une grande prêtresse à l'époque atlante. Dans les images qui se présentaient à moi, elle portait une robe d'une blancheur immaculée avec un voilage qui volait au vent. Elle se tenait à l'entrée d'un temple immense avec de grandes colonnes dorées. De jeunes prêtresses en formation descendaient un grand escalier de ciment couleur sable menant directement à un lac sacré. Les apprenties avaient les mains tournées vers le ciel et portaient une boule de cristal laiteuse, couleur sélénite, au centre de leurs mains. Elles descendaient ensemble l'escalier géant et elles allaient se glisser dans l'eau cristalline afin de purifier leur corps et leur âme dans un mouvement alliant grâce et douceur.

L'eau du lac était d'une grande pureté et des formes cristallines hexagonales transparaissaient à travers cette eau. Les prêtresses s'imprégnaient de cette eau jusqu'à la taille en maintenant toujours la boule nacrée dans leurs mains. Une fois la purification réalisée, elles ressortaient de l'eau et revenaient à l'intérieur du temple.

Une magie et une douceur transparaissaient dans leurs gestes. Je me sentais avoir accès à un monde perdu, à une époque très lointaine. C'était magique.

Chapitre 17

Les limites de la canalisation

« La seule liberté dont nous disposions est de devenir conscients de ce que nous sommes en réalité. C'est la seule liberté que nous ayons. Il n'y a pas d'autre liberté... »

– Jean Klein

En canalisation, nous pouvons avoir accès à une multitude d'informations. Ces messages convergent vers notre énergie afin d'arriver à notre esprit conscient pour ensuite être divulgués en paroles. Lorsque notre mental devient très docile, l'information passe à travers nous sans être biaisée par notre esprit conscient, qui bien souvent tente d'analyser les propos reçus.

Lors de la canalisation, notre rôle n'est pas d'essayer de comprendre l'information reçue, mais de transmettre celle-ci selon ce qui nous est donné et non d'après une interprétation personnelle.

À la longue, notre mental apprend à se mettre en veilleuse. Notre canal devient plus fluide et ce qui nous parvient est de plus en plus juste. Toutefois, malgré nos bonnes intentions, l'ensemble des médiums s'entend pour dire que ce que nous recevons en canalisation est juste à environ 85 %. Pourquoi une telle constatation ?

Un élément important en jeu serait le libre arbitre de la personne en consultation. Parfois, je reçois des informations des plans supérieurs et la personne repart avec celles-ci et elle prend peur par rapport aux messages reçus. Alors, la réalité possible pour elle se transforme et en devient une autre. La personne en consultation a toujours le choix d'adhérer ou non à ce qui lui a été dit. C'est un droit universel, car l'avenir n'est pas encore écrit et de là naît la magie du libre choix.

La voyance : des chemins possibles

Il faut comprendre que la voyance (ou « le don de voir dans l'avenir ») nous présente la possibilité de plusieurs chemins. Lorsque je m'y adonne, je vois généralement cinq possibilités de chemins à emprunter pour la personne. C'est comme si des routes se dessinaient dans mon écran mental. Je lui partage la route qui est centrale dans ma vision, c'est-à-dire la plus probable.

La personne peut décider de modifier cette voie en tout temps ou d'y adhérer. Mon rôle n'est pas de décider pour la personne, mais de lui montrer des avenues possibles. Elle choisira celle qui lui convient le mieux.

Le choix personnel existe. Plusieurs êtres sont passés dans l'humanité avec des thèmes astrologiques complexes ou avec supposément des destinées difficiles. Certains ont choisi de modifier ce fait grâce à leur libre arbitre et ils se sont créé de nouvelles réalités.

Le grand philosophe Socrate s'était fait dire dans son jeune temps qu'à cause de l'alignement des planètes dans sa carte du ciel, il deviendrait l'un des plus grands assassins que la terre ait portés. Il est reparti avec cette information et a choisi de guider l'humanité vers la sagesse par la philosophie. Encore aujourd'hui, ses paroles et ses mémoires sont inspirants pour nous.

Créer sa réalité

Sachant que nous sommes créateurs de notre réalité par notre libre arbitre, il nous appartient de créer la réalité qui nous convient, et ce, chaque jour.

Il n'y a pas d'erreur dans la vie. Tout part de notre perception. Ce que nous croyons arrivera. Notre pouvoir créateur est immense. De plus, l'univers s'arrangera toujours pour nous prouver que nous avions raison, quoi que nous pensions. Ce que vous croyez se présentera et ce qui vous fait peur risque de se réaliser aussi, d'où l'importance de mettre l'accent sur l'aspect positif en toute situation.

Nous créons notre réalité et de multiples réalités existent. Nous pouvons choisir celle qui nous convient. Lorsque nous choisissons de canaliser des êtres appartenant aux mondes supérieurs, tout un univers s'offre à nous.

Notre intention et notre volonté sont des forces de matérialisation incroyables. L'intention fait le travail et le geste ne fait que confirmer l'intention. Dans quelques années, nous n'aurons plus à faire d'actions, car la pensée se matérialisera presque instantanément et le travail dans l'invisible sera fait par notre intention uniquement.

Quand utiliser la voyance ?

Parfois, les êtres des plans supérieurs me montrent des chemins possibles afin de les partager avec la personne en consultation. J'utilise aussi la voyance pour vérifier si quelqu'un va bien. Lorsque j'ai des inquiétudes ou des doutes sur la sécurité d'une personne, je m'adonne à la voyance afin de « voir » ou de « ressentir » dans quel état se trouve la personne. J'ai beaucoup utilisé cet aspect des capacités psychiques lorsque mes enfants étaient adolescents.

TROISIÈME PARTIE

La guidance

Chapitre 18

Utiliser la canalisation avec ou sans guidance

« Ne t'arrête pas dans la recherche de la vérité et la conquête du Bien Suprême. Sois docile aux impulsions de la grâce et suis ses inspirations. »

– Padre Pio

Qu'est-ce que la guidance ?

La guidance, c'est nous allier à une puissance supérieure afin d'être accompagné en canalisation. Le rôle de cette puissante énergie est de nous transmettre des messages pertinents et hautement vibratoires pour nous et pour les autres.

S'allier à une puissance supérieure

Pourquoi nous allier à une puissance supérieure ? Les êtres hautement vibratoires ont une énergie forte et positive. Ils veillent sur nous et désirent le bien de l'humanité. En nous alliant à leurs vibrations, il nous est possible d'atteindre des fréquences vibratoires élevées et ainsi de canaliser des énergies impressionnantes. Alors, les anges, les divinités et les grands maîtres deviennent des guides pour nous en canalisation. Le contact de ces énergies haussera vos vibrations internes et vous procurera un sentiment de confiance.

De plus, cette connexion permet de monter le taux vibratoire ambiant. Il est possible de demander la présence d'un archange Raphaël, Gabriel ou Michaël, d'un grand maître, Bouddha, Jésus ou maître saint Germain, ou d'une figure de divinité en qui nous avons confiance. Si vous préférez ne pas vous identifier à un être particulier, il est aussi possible de vous relier au divin en vous. L'important est de vous rallier à une puissance plus grande que votre simple personnalité humaine afin d'avoir accès à des informations des hautes sphères.

La canalisation sans guidance

Toutefois, la canalisation peut se faire naturellement ou intuitivement sans guidance, c'est-à-dire sans union à une puissance supérieure. À ce moment, vous devenez dépendant de votre taux vibratoire et de votre intention. Si votre fréquence vibratoire est déjà élevée, alors vous

vous connecterez plus facilement aux êtres des plans supérieurs. Si votre vibration interne est faible, que ous ressentez de la peur ou du doute, alors vous risquez involontairement d'attirer des êtres des mondes inférieurs et de recevoir des messages d'une valeur discutable. Ce n'est pas que les basses énergies ne donnent pas d'informations justes, mais ce ne sont pas nécessairement les meilleurs guides.

Autrefois, les gens utilisaient la canalisation sans s'allier à une puissance supérieure. Alors, ils captaient toutes les énergies environnantes, indépendamment de leur volonté. Voilà pourquoi nous avons entendu parfois des histoires désolantes sur la canalisation.

La canalisation avec guidance

En vous alliant à une puissance supérieure telle que Jésus, Marie, Bouddha, maître saint Germain, l'archange Michaël, un maître ascensionné, vous vous assurez de vous associer avec des êtres dont l'intention est de vous guider vers ce qu'il y a de meilleur pour vous et les autres.

Vous pouvez « demander » plus d'un archange ou plus d'une divinité. L'important est d'au moins vous associer à une puissance supérieure.

Personnellement, je travaille toujours avec l'archange Michaël. Il a la capacité de nous lier énergétiquement avec la personne en consultation. Sa fréquence vibratoire est très élevée. Étant l'archange le plus près de Dieu, il a la capacité d'augmenter notre taux vibratoire et de favoriser notre connexion aux mondes supérieurs.

Il est souvent représenté dans les images religieuses comme terrassant les démons, c'est-à-dire nos propres peurs. L'archange Michaël porte une vibration d'amour et de compassion. Il a comme mission de veiller afin de nous protéger des dangers.

Dès que j'amorce une canalisation, je demande toujours la présence de l'archange Michaël. Je me place dans un état de réceptivité et de lâcher-prise. Mon intention est d'être un instrument au service de plus grand que moi. Je demande aussi que la personne obtienne ce qui est le mieux pour elle.

À partir de ce moment, la magie de la canalisation s'installe et l'information afflue. Ce n'est pas moi qui décide des messages à recevoir, je laisse cette tâche aux êtres hautement vibratoires. Ce sont eux qui décident de ce qui sera transmis. À la lumière des informations qui me sont données, je vise le positif afin d'augmenter la vibration interne de la personne.

Il est à noter que ce ne sont pas toutes les informations que possède une personne qui sont utiles à son évolution. Lorsque je travaille sous guidance, je demande toujours de recevoir ce qui est pertinent actuellement pour la personne. Tout le reste de l'information ne me concerne pas. En recevant uniquement ce qui est nécessaire à la personne, j'ai confiance que tout sera parfait.

Chapitre 19

La guidance et les synchronicités

« Quand l'esprit est pur, la joie suit comme une ombre qui ne nous quitte jamais. »

– Bouddha

La canalisation est un merveilleux moyen de recevoir des messages et des enseignements des autres mondes. C'est aussi une forme de sécurité divine. En choisissant d'ouvrir notre canal et de nous mettre au diapason des énergies supérieures, une forme de confiance s'installe en nous et autour de nous. Les évènements se synchronisent et un plan supérieur se met en place.

Plus nous restons à l'écoute des signes et des messages de l'au-delà, une conviction profonde s'établit et confirme que nous sommes toujours à la bonne place et divinement guidés. Ce sentiment procure un grand réconfort et unit notre nature humaine à notre être supérieur.

Lorsque nous choisissons de vivre sous guidance continuellement, une synchronicité d'évènements peut se présenter à nous, car l'univers regorge de situations magiques qui ne demandent qu'à se révéler à nos yeux.

Plus nous cheminons dans le processus de canalisation, plus nous constatons qu'il n'y a pas de hasard, que des rendez-vous. Les êtres se placeront sur votre chemin afin de vous aider à grandir en conscience et en expériences variées. Le plus beau dans tout ce processus, c'est qu'en lâchant prise et en s'en remettant à la guidance, des expériences insoupçonnées arriveront.

La lanterne des morts de Sarlat

Voici une expérience particulière que j'ai vécue alliant guidance et synchronicités.

Nous étions un groupe d'environ quinze personnes à assister à un séminaire en France. Notre périple comprenait des visites dans des châteaux et des lieux médiévaux. Lors de la visite de la ville de Sarlat, quelques personnes extérieures au groupe s'étaient jointes à nous pour le repas du soir. En attendant le moment de festoyer, nous avions la possibilité de visiter cette ville médiévale. Chacun partit de son côté afin de trouver les meilleures occasions dans les boutiques touristiques. Je me retrouvai donc seule.

En marchant, je croisai l'un des hommes qui s'étaient joints au groupe pour le repas et il connaissait bien nos animateurs. Il m'offrit ses services comme guide touristique, car il connaissait très bien Sarlat. J'ai eu un moment d'hésitation, car je ne le connaissais pas vraiment, mais comme je me sentais en confiance avec lui, j'ai accepté sa proposition.

La ville était magnifique, authentiquement médiévale, chaleureuse, ornée de fleurs variées et de restaurants accolés les uns aux autres. La ville comportait des passages cachés donnant accès à de nouveaux espaces publics et à d'autres commerces. Des vestiges de l'époque du Moyen Âge.

À travers notre promenade, nous avons croisé trois personnes de notre groupe qui se sont jointes à nous. Notre guide de fortune nous proposa alors de nous faire découvrir un endroit peu connu des touristes ; la lanterne des morts de Sarlat. Comme nous avions le temps et qu'il piquait notre curiosité, nous l'avons suivi sur des chemins inconnus.

Nous sommes arrivés devant un bâtiment de pierres en forme de lanterne, c'est-à-dire circulaire, mais avec un toit en pointe en son centre. Notre guide nous proposa d'y entrer. Dès que nous y avons mis les pieds, nous avons senti un vortex énergétique à l'intérieur. C'était un espace permettant aux âmes de passer dans l'autre monde.

Notre guide nous informa qu'il allait activer la clé énergétique de ce lieu spécial. Nous nous sommes donc placés les quatre en rond en nous tenant la main tandis que notre guide se dirigeait à l'extérieur afin d'activer le portail. Nous avons senti l'énergie de la pièce monter et nous avons amplifié le tout en visualisant l'ensemble de la lanterne emplie de lumière blanche. Le taux vibratoire a continué à grimper et nous avons senti des êtres quitter ce monde par ce vortex.

Notre guide nous a ensuite rejoints et il nous a informés qu'il allait refermer la clé. Je le trouvais bien chanceux d'avoir accès facilement à ce code secret. Par curiosité, je l'ai suivi du regard afin de découvrir cette clé. Ce que j'ai vu m'a abasourdie. Cet homme s'est dirigé vers une pierre ressortant du sol, il s'est agenouillé dessus, a dit quelques paroles accompagnées de gestes et le vortex s'est refermé.

J'ai eu la chance de rencontrer un homme qui portait en lui des connaissances et une sagesse ancestrale hors du commun. Je n'ai même pas pensé lui demander comment il avait eu ces informations uniques, mais j'ai cru comprendre durant le repas du soir qu'il avait reçu cette clé par transmission verbale, de génération en génération.

La lanterne des morts de Sarlat

Chapitre 20

L'impact de la guidance

« En nous établissant dans l'instant présent,
nous pouvons voir toutes les beautés et
les merveilles qui nous entourent. Nous pouvons
être heureux simplement en étant conscients
de ce qui est sous nos yeux. »

– Thich Nhat Hanh

La canalisation nous offre la possibilité de recevoir des messages pour nous et les autres. Mais, concrètement, en côtoyant les énergies d'êtres hautement vibratoires, notre propre énergie se transforme. Notre vibration s'adoucit. Notre perception de la vie se transforme. Ce que nous percevions comme dramatique auparavant prend un tout autre sens.

Il nous semble que l'univers entier n'est plus contre nous, mais qu'au contraire, un ordre divin s'installe dans notre vie. Peut-être que cet état était déjà présent en nous et que maintenant notre regard le perçoit. Je ne le sais pas. Mais, ce que nous constatons, mes étudiants et moi, c'est que tout change. Nous changeons, les évènements de notre quotidien changent et notre façon de réagir par rapport à la vie change.

Sous la guidance des énergies supérieures, nous nous sentons accompagnés et guidés. On ne se sent plus jamais seul. Une sécurité intérieure et extérieure s'installe. C'est comme si ces grands êtres s'alliaient à nous non seulement lors de la canalisation, mais en tout temps.

Les messages qui au départ affluaient lors de consultations descendent maintenant à nous à tout moment, indépendamment de notre volonté, afin de nous garder dans le bon chemin. Nous nous sentons informés de tout ce qui est important dans notre vie. La canalisation devient plus qu'une source d'information, elle devient une guidance qui nous suit chaque jour dans notre quotidien.

Nous nous laissons bercer par cette guidance qui s'installe en permanence dans notre vie de tous les jours. Ce nouvel état permet à une paix de prendre place en nous. Nous cessons de nous battre contre les évènements de la vie, car nous constatons que chaque situation nous guide vers notre plus grand bien. La vie devient plus facile, nous cessons toute lutte sachant que tout est parfait et que nous sommes divinement accompagnés.

Comme notre perception de la réalité se transforme, notre vie s'embellit. Nous devenons conscients que nous sommes créateurs de notre réalité et non victimes des évènements. Nous apprenons à modeler notre réalité et à matérialiser ce que nous désirons. L'univers devient un vaste terrain de jeu où nous expérimentons la vie terrestre.

Une conviction se met en place affirmant que tout est parfait. Nous nous sentons faire partie d'un univers plus vaste que nous, nous sentons que nous faisons tous partie du Un. Un plan parfait.

QUATRIÈME PARTIE

S'exercer à canaliser

Chapitre 21

Un rappel des principales notions

« Je ne cherche pas à connaître les réponses,
je cherche à comprendre les questions. »

– CONFUCIUS

Voici une synthèse qui vous servira de rappel des principales notions avant de vous engager dans le processus de la canalisation.

Lorsque vous débutez en canalisation, je vous remémore qu'aucun prérequis n'est nécessaire pour apprendre à recevoir les messages. Ce qui importe, c'est d'avoir le désir de *contacter* des énergies supérieures et de se mettre au service de plus grand que soi.

Afin de *contacter* des êtres hautement vibratoires, il est préférable d'augmenter votre taux vibratoire afin de vous connecter uniquement à des énergies positives. Il existe maintes façons d'élever votre vibration individuelle :

◊ Aller marcher dans la nature.

◊ Vous alimenter sainement.

◊ Avoir des pensées et des paroles positives envers vous et les autres.

◊ Être dans la joie.

◊ Vous centrer sur votre cœur.

◊ etc.

Votre intention de base doit être de servir et de contribuer à aider l'humanité. Ce sera cette intention qui servira de guide à la réalisation de canalisations hautement vibratoires. Choisissez de faire grandir le positif chez la personne afin de faire croître sa lumière intérieure.

Parfois, votre égo tentera de vous empêcher d'atteindre cette partie de vous-même qui est sans limites. L'égo est ce principe en nous qui a peur et qui ne veut pas que nous nous transformions. Graduellement, vous apprendrez à ne pas lui porter attention et à lâcher prise. Afin d'intégrer une vibration de lâcher-prise, certains éléments faciliteront votre apprentissage de la canalisation, c'est-à-dire ne rien vouloir, ne rien décider et ne rien forcer.

Rappelez-vous que certaines canalisations auront un point de départ (image, son, sensation) parfois peu significatif. Par la suite, des informations pertinentes arriveront à vous. Ne tentez pas d'analyser les messages qui viendront à vous, ils sont dédiés à la personne en consultation, il lui appartient d'en comprendre le sens.

Voici les pièges à éviter :

◊ Le syndrome de l'imposteur.

◊ Les idées préconçues, car en canalisation, vous êtes le messager et non le maître d'œuvre. Ce sont les êtres des plans supérieurs qui décideront comment l'information se présentera à vous.

◊ L'idée de devoir travailler fort.

◊ Le fait de n'avoir aucune connaissance en canalisation.

◊ La comparaison.

◊ Les images cinématographiques (sensationnalisme).

◊ La peur de canaliser les basses énergies. Utilisez le canal de lumière.

Comment reconnaître la présence d'êtres hautement vibratoires ?

Nous ressentons une sensation de bien-être en leur présence. Parfois, ils utilisent un langage inhabituel (poésie, ancien français, etc.). Ces êtres nous offrent la possibilité d'avoir accès à de nouvelles connaissances inconnues de nous auparavant.

Choisissez à quelles énergies vous connecter:

◊ Vous pouvez demander quel est le nom de l'être à qui vous vous connectez.

◊ Établissez vos règles, c'est-à-dire que vous pouvez choisir dans quelles conditions et quand vous acceptez de canaliser. Il vous est permis de fermer votre canal pour ne pas tout capter continuellement.

La guidance, c'est s'allier à une puissance supérieure. Les êtres hautement vibratoires ont une énergie puissante et positive. En nous alliant à leurs vibrations, il nous est possible d'atteindre des fréquences vibratoires élevées et ainsi de canaliser des énergies positives. Alors, les anges, les divinités et les grands maîtres deviennent des guides pour nous en canalisation. L'archange Michaël peut être un excellent compagnon lors des canalisations, si vous le désirez.

La canalisation vous offre la possibilité de vous connecter aux êtres des autres dimensions. À vous de l'expérimenter maintenant. En suivant les conseils émis dans ce livre, de merveilleuses expériences pourront se présenter à vous.

Chapitre 22

La préparation à la canalisation

« L'ouvrier qui veut bien faire son travail doit commencer par aiguiser ses instruments. »

– Confucius

Dans les prochains chapitres, je vous guiderai afin de canaliser les informations des autres mondes à travers diverses approches. Ces différentes façons sont toutes aussi bonnes les unes que les autres. Il vous appartient de choisir avec quel moyen vous êtes le plus à l'aise. Personnellement, j'aime bien utiliser l'un ou l'autre selon la situation.

Plusieurs personnes sont confortables dans la réception d'information à travers l'écriture inspirée, d'autres préfèrent avoir une lecture de cartes oracles ou certains individus se lancent dans une canalisation directe. Toutes ces façons de faire ne sont que différents outils qui s'avèrent des reflets variés d'un même processus : la canalisation.

Dans tous les cas, les étapes de préparation sont toujours suggérées, peu importe le type de canalisation choisi.

Habituellement, je ne fais pas de préparations particulières avant de faire une canalisation, car l'endroit où j'enseigne est maintenu dans une vibration élevée. Les locaux sont entretenus « vibratoirement », c'est-à-dire que nous ne nous permettons que des pensées et des actions positives en ces lieux. Un CD de mantras chantés par des moines tibétains joue presque continuellement, jour et nuit. L'énergie y est déjà en place avant notre arrivée.

Toutefois, les enseignements ici offerts ont pour but de vous permettre d'apprendre à canaliser des énergies supérieures, et ce, dans votre demeure. Comme l'énergie du lieu où vous vous exercerez peut être variable, il est préférable d'augmenter le taux vibratoire de l'endroit où vous êtes afin de faciliter votre connexion aux autres dimensions.

Monter sa vibration

Trouvez un lieu calme où vous ne serez pas dérangé. Installez-vous confortablement, soit assis sur une chaise ou au sol. Il est possible que votre égo tente de vous dissuader de tenter l'expérience. Rappelez-vous que l'égo est cette partie de vous qui résiste aux changements. Lorsque nous n'écoutons pas ce guide apeuré, son pouvoir diminue et, graduellement, il n'a plus d'impact sur nous.

Mettez-vous dans un état d'esprit de disponibilité. Soyez sans attentes et dans un lâcher-prise total. Inspirez et expirez lentement.

Centrez-vous sur votre cœur et ressentez la lumière et l'amour inconditionnel grandir en vous. Laissez votre énergie absorber cette vibration douce et apaisante. Sentez le bien-être croître en vous. Ressentez une paix se glisser en vous.

Visualisez maintenant une magnifique lumière blanche au sol, sur votre plancher. Cette lumière augmente en intensité et se hisse du sol vers le haut de la pièce. Sur son chemin, elle illumine tous les objets qu'elle croise, les murs, les meubles et tout ce qui s'y trouve. De magnifiques filaments lumineux s'ajoutent à cette lumière resplendissante, ces longs fils de lumière s'entrecroisent dans une danse féérique. La grande luminosité qui en résulte émane de tous côtés et l'endroit où vous vous trouvez devient pure lumière.

Prenez le temps de respirer et de baigner dans cette énergie hautement vibratoire.

Une fois la vibration de votre espace augmentée, passez à l'élévation de votre être en entier avec la méditation offerte par l'archange Michaël.

Méditation avec l'archange Michaël

Installez-vous bien à l'aise. Fermez les yeux. Laissez vos idées passer comme des nuages dans le ciel et n'essayez pas de les arrêter ou de vous y attarder. Prenez une bonne inspiration et expirez. À chaque inspiration, sentez votre corps se détendre. Vous ressentez une douce brise frôlant votre visage. L'air est bon et vous vous sentez dans un état de détente et de relaxation.

Une lumière très puissante s'approche de vous. Vous ressentez une énergie intense venir vers vous. C'est l'archange Michaël qui se joint à vous afin de moduler votre énergie à une fréquence supérieure. Cet archange possède une stature impressionnante. Il mesure plus de deux mètres et il a de magnifiques ailes blanches duveteuses. Il possède une luminosité très puissante, blanche avec une teinte légèrement bleutée. L'archange Michaël est l'ange de la protection. Une grande sérénité émane de lui.

Il s'avance doucement vers vous. Dans un geste d'une grande bienveillance, l'archange Michaël déploie ses ailes immenses autour de vous. Ses ailes vous entourent de sa haute vibration. À son contact, vous sentez votre énergie intérieure grandir d'un bond. Vous vous sentez en totale sécurité. Un amour inconditionnel et hors du commun vous envahit.

L'archange Michaël se place maintenant derrière vous, juste derrière votre épaule droite. Ce sera l'emplacement qu'il privilégiera afin de vous accompagner lors de la transmission des messages des êtres des plans supérieurs. Il sera votre compagnon lors de chacune des canalisations que vous effectuerez. Son énergie sécurisante vous élèvera à un niveau supérieur à chaque rencontre. Remerciez l'archange Michaël de sa présence.

Bonne pratique !

Chapitre 23

L'écriture inspirée

« On ne voit bien qu'avec le cœur,
l'essentiel est invisible pour les yeux. »

– Saint-Exupéry

L'écriture inspirée est une façon intéressante de canaliser les messages des êtres de l'autre monde. Elle comporte l'avantage de garder une preuve écrite des messages reçus, ce qui nous permet de nous y référer au besoin.

Il s'avère intéressant de relire un texte reçu en écriture inspirée quelques mois plus tard. Parfois, avec du recul, les informations nous semblent plus claires et elles prennent tout leur sens.

L'écriture inspirée est toujours une surprise pour moi. Je ne sais jamais d'avance qui se présentera et ce qui me sera dit. Certains êtres commencent toujours leurs propos par les mêmes mots comme *Il va de soi...*, alors que d'autres changent leur phrase de départ à chaque séance.

Je reçois souvent des messages de saint Christophe, je reconnais son langage et ses textes qui débutent tout le temps par *Il fut un temps...*, et je constate toujours avec surprise la justesse de ses propos. Comme mes canalisations écrites se passent principalement lors de formations en canalisation, les messages sont de courte durée et offrent des informations pour moi ou pour l'ensemble du groupe.

D'autres êtres peuvent décider de se joindre à moi. Le texte peut même contenir une combinaison de plusieurs messages de différents êtres. Lorsque les êtres alternent, la voix qui me dicte le texte change. Je prends connaissance d'un nouveau langage, ce qui m'informe du changement d'interlocuteur. Je constate aussi que le ton ou le style du texte se transforme.

Lors de l'écriture inspirée, les mots viennent à moi à une vitesse accélérée, je n'ai pas le temps de réfléchir ni d'analyser le sujet. Je note ce qui m'est dit le mieux possible. Une fois l'écrit complété, c'est en me relisant que je comprends le sens réel du message. Je suis parfois très émue des propos abordés qui sont, bien souvent, dans un langage différent du mien.

Voici un texte que j'ai reçu lors d'un exercice d'écriture inspirée avec mes étudiants. Il s'adresse à l'ensemble du groupe et porte sur les changements planétaires vécus actuellement :

« Il va de soi qu'il en soit ainsi. Ainsi dans la vie et dans la mort. Beaucoup de choses sont en changement. L'atmosphère planétaire se modifie. Il va sans dire que l'univers est en mouvement.

» Cette ère mondiale est en pleine transformation, voulue et prévue. Il n'y a pas de hasard dans les incarnations. Tous sont venus aider. Il va de soi que plusieurs cherchent un sens à leur vie. Un sens à la vie.

» Mais cette vie a déjà été programmée, prévue dans son essence. De grands bouleversements extérieurs, mais jamais [aussi] grands qu'intérieurement.

» C'est une révolution de l'intérieur, un pied en avant, un pas de plus. Notez bien ceci : il va de soi qu'il en soit ainsi. »

Changement de personne

« Vous vivez un moment charnière, un grand pas dans l'humanité. Soyez bénis d'y être présents. Nous sommes avec vous et nous vous accompagnerons dans ce processus. Comment en serait-il autrement ? Aucun être n'est laissé seul, aucun être n'est abandonné.

» Tous seront comblés de cette joie immense [que sont] la gratitude et la plénitude de vivre. Nous, compagnons à vos côtés, ayant côtoyé la souffrance et l'ayant transcendée, comprenons et compatissons à votre apprentissage.

» Une grande grâce vous sera donnée bientôt, certains d'entre vous en seront touchés. Vous pouvez compter sur notre réinvestissement et nous sommes en accord avec vos capacités.

» Soyez bénis et heureux d'être choisis.

» Bien à vous,

» *Salah* ! »

La pratique de cet art

Certains de mes étudiants font de l'écriture dite « automatique », c'est-à-dire que le crayon se met à écrire par lui-même indépendamment de la volonté du canalisateur. La personne peut regarder ailleurs, tourner sa feuille de côté, et le texte s'écrit par lui-même. J'ai déjà vu de mes propres yeux une telle manifestation d'écriture et j'en fus très impressionnée.

Pour ma part, la canalisation ne se manifeste pas de la sorte. Ce sont des phrases qui viennent à moi rapidement et une à la suite de l'autre. C'est comme si l'on me dictait un texte et que mon rôle était simplement de transcrire ce qui m'était donné. Je n'ai toutefois pas le temps de réfléchir, car les mots et les phrases s'emboîtent rapidement.

Comme nous sommes tous différents, chacun canalise à sa manière. L'important n'est pas la façon dont l'information se présente. Ce qui compte, c'est d'apprendre à reconnaître comment cela se produit pour nous. Plus nous sommes en paix avec la voie que l'information utilise pour passer à travers nous, plus la manière dont elle se présentera à nous se raffinera et se diversifiera.

Exercice d'écriture inspirée

Voici quelques notions de base pour pratiquer l'écriture inspirée. Pour débuter, je m'installe à une table avec papier, crayons et chandelle allumée.

Avant de commencer une séance d'écriture inspirée, je demande toujours la présence de l'archange Michaël auprès de moi. (Je vous suggère de faire la méditation avec l'archange Michaël du précédent chapitre.) Étant l'un des plus puissants archanges, je requiers toujours sa présence afin d'augmenter mon taux vibratoire. Ainsi, je m'assure que ce ne seront que des êtres aux vibrations élevées qui se présenteront à moi. Il est clair pour moi que je n'accepte que des messages positifs et provenant d'êtres hautement vibratoires.

Si les propos que vous recevez sont négatifs ou troublants, cessez l'écriture et ne reprenez que lorsque votre taux vibratoire sera suffisamment élevé pour capter les plans supérieurs. Tout part de votre vibration intérieure.

Rappelez-vous que les êtres des mondes supérieurs font en sorte que vous vous sentiez dans un état de bien-être et de joie à leur contact. Ainsi, lorsque nous vibrons dans une énergie d'accueil et d'amour, des êtres positifs peuvent venir à nous. Les messages sont alors d'une grande douceur et sont remplis de bonté.

Voici différentes possibilités qui s'offrent à nous lors de la pratique de l'écriture inspirée :

◊ Nous pouvons nous installer avec papier et crayons et laisser monter les messages qui désirent s'exprimer. Dans ce cas, nous inscrivons ce qui nous est transmis et demandons par la suite quel est le nom de l'être qui s'est adressé à nous. Pour ma part, j'aime bien savoir qui est mon interlocuteur des autres mondes.

◊ Nous pouvons demander de parler à un être en particulier. Il est possible d'appeler notre grand-mère décédée, l'archange Gabriel ou un tout autre être selon notre intérêt afin de lui demander un message pour nous ou pour quelqu'un de notre entourage. Si nous avons une question précise pour lui, nous la lui posons à haute voix et transcrivons ce qui nous est dit.

◊ Nous pouvons poser des questions précises aux êtres des plans supérieurs. Lorsque tel est mon désir, j'utilise des crayons de couleurs variées, par exemple un crayon rouge et un crayon bleu. J'écris en rouge la question que je pose et je note avec le crayon bleu la réponse qui m'est donnée. Ainsi, lorsque je me relis, j'ai accès facilement à mes questions et aux réponses reçues.

D'autres façons de faire peuvent se présenter à vous, alors à vous de les expérimenter. Finissez toujours la séance en remerciant les êtres venus vous parler.

Voici un exemple de message d'écriture inspirée reçu par Julie, l'une de mes étudiantes.

« Il était un temps où la Lune "reflétait" dans les nuages une ombre mystérieuse, un passage dans une autre sphère de notre vie. Un passage dans un autre monde rempli de lumière et de poussière dorée, d'anges et de fées avec des intentions lumineuses.

» Pour que la vie soit belle, il faut la vivre dans un élan de béatitude et de tendresse tout en acceptant le fait que nous ne sommes pas maîtres de notre destinée, sans pour autant ne pas avoir le choix. Avoir le choix d'être une personne remplie de bonté, pleine de divinité, de magie lumineuse et d'une aura dorée.

» Un système de rotation est mis en place pour que les univers et les gens s'alignent dans un but commun de faire grandir cette richesse et ce bien-être au sein de leur cœur et de leur âme. Cette âme est le centre de tout, la raison de l'avènement de l'amour au sein d'une fraternité. Au sein d'un clan universel de bonheur, d'amour, de prière, de joie, de douceur et de cœur. Le passage est mis en place par les anges pour que tout se passe dans l'énergie de la lumière. Que tout se place en douceur sans l'avènement de douleur, mais bel et bien dans la douceur d'un pétale de fleur. Faire le choix d'être ce que l'on est et accepter le désir d'ignorer des autres. Tel est le message que l'univers a lancé pour vous, cher peuple de cette planète bleue, remplie de soleil.»

Chapitre 24

La lecture de cartes

« Tu ne peux voyager sur le chemin sans être toi-même le chemin. »

– Bouddha

Pour faire la lecture de cartes oracles, je me mets dans le même état d'esprit supérieur qu'en faisant les exercices préparatoires du chapitre 21. Je lâche prise, je m'en remets à une puissance supérieure et je me fais toujours accompagner par l'archange Michaël.

La lecture de cartes oracles sert habituellement de point de départ pour avoir accès à des informations provenant des plans supérieurs. Pour ma part, je porte rarement attention au texte écrit sur les cartes oracles. Je m'attarde plus particulièrement aux images. Je laisse mon regard parcourir cette image. Parfois, c'est un petit symbole dans le coin de la carte qui attire mon attention, d'autres fois, c'est la couleur qui ressort sur la carte qui me parle.

Je tire habituellement trois cartes pour débuter. La première représente le passé, la deuxième, le présent, et la troisième, le futur. Il arrive parfois que je ne tienne pas compte de cet ordre et que je donne des messages indépendamment de l'ordre des cartes. Les cartes ne deviennent qu'un prétexte pour se connecter à plus grand que soi.

Lorsque je désire un complément d'information, je sors une nouvelle carte du jeu et je me laisse inspirer par la carte. Lorsqu'une ou des cartes tombent du jeu, je les utilise afin de compléter les informations reçues.

Les cartes sont un point de départ pour moi. Bien souvent, elles m'amènent plus loin que prévu.

Pour découvrir des tirages de cartes variés, je vous suggère le jeu de cartes *L'Oracle Angélique* de Marie-Chantal Martineau. Une série complète de tirages diversifiés y sont décrits dans le livret d'accompagnement.

Vous avez maintenant de nouveaux outils afin de transmettre des messages. La lecture de cartes sera l'une de vos possibilités. Il vous sera aussi possible d'utiliser la canalisation directe, telle que décrite dans le chapitre suivant, ou même de faire une combinaison des deux.

Chapitre 25

La canalisation directe

« La lanterne de l'expérience n'éclaire que celui qui la porte. »

– Confucius

Lorsque l'on décide de s'exercer à canaliser, il peut être intéressant de demander à une personne de servir de « cobaye » pour nous. Il est préférable que la personne soit ouverte à la canalisation, sinon l'énergie pourra circuler plus difficilement. Lorsque l'on travaille avec des énergies positives, on ne peut pas avoir accès aux informations de l'autre personne contre son gré. Il est préférable que la personne accepte l'exercice afin de recevoir des messages pertinents pour elle.

Vous faites comme si vous étiez avec un client en consultation. Commencez par aviser la personne que vous faites un essai et que son rôle est simplement d'accueillir les informations qui se présenteront tout en considérant que vous débutez en canalisation.

Trouvez un espace tranquille où vous ne serez pas dérangés. Assoyez-vous sur des chaises, face à face, et prenez les mains de l'autre personne dans vos mains. Haussez la vibration du lieu où vous êtes. Demandez la présence de l'archange Michaël ou faites la méditation avec l'archange Michaël. Montez votre vibration interne et mettez de la paix dans votre cœur, centrez-vous sur la notion de service.

Prenez quelques inspirations profondes. Lâchez prise et laissez votre esprit se détendre. Lorsque vous sentirez qu'un calme s'est installé en vous, communiquez tout message positif ou aimant afin de faire grandir la lumière chez l'autre.

L'autre personne peut aussi vous poser des questions, alors lâchez prise et transmettez la question aux êtres des plans supérieurs. Ne transmettez que des messages qui permettent à la personne d'élever sa vibration et d'accueillir plus de lumière.

À la fin de la rencontre, remerciez l'archange Michaël et les autres êtres venus communiquer avec vous.

Cette rencontre ne peut durer que quelques minutes à une heure. C'est un temps précieux que vous consacrez à devenir un canal pour l'au-delà. Plus vous vous exercerez, plus votre canal s'affinera. Les messages seront de plus en plus clairs et se présenteront de manières variées. Les façons de recevoir l'information se combineront (clairvoyance, clairaudience, *clairsentience,* clairconnaissance).

Au contact d'énergies puissantes et positives, la guidance que vous recevrez sera de plus en plus présente dans votre vie. Vous serez informé des évènements importants de votre quotidien et vous vous sentirez toujours accompagné. Vous ne serez plus jamais seul.

Épilogue

L'écriture de ce livre m'a demandé plus de changements dans ma vie que je ne l'aurais cru. J'ai amorcé sa rédaction au printemps 2016 et j'ai reçu comme message que je devrais déménager mon école ainsi que ma demeure dans la nature afin de mieux capter les messages des plans supérieurs.

Une série de synchronicités se sont mises en place afin de nous guider vers une nouvelle habitation. La nouvelle maison-école commençait à se matérialiser depuis quelque temps. En ville, ma vibration n'arrivait plus à se connecter aussi facilement aux énergies supérieures afin d'écrire le reste de ce livre. Ainsi, j'ai mis de côté sa composition afin d'aménager notre nouvelle demeure au sommet d'une colline, à Saint-Calixte, dans Lanaudière.

Un mois après notre arrivée à Saint-Calixte, la rédaction a repris de plus belle et plus intensément que jamais. J'ai rédigé en quelques jours ce qui tardait à venir depuis des mois.

J'ai accepté de suivre les informations des êtres de lumière, alors que cette fois-ci je n'étais pas tout à fait convaincue que c'était un bon choix. J'étais habituée à ma belle demeure de Laval. J'avais une maison confortable, à proximité de tous les services, magasins, autoroutes, etc. Aller vivre en campagne me laissait un peu sceptique.

Toutefois, la connexion avec les êtres des autres mondes s'est grandement améliorée à mon nouveau domicile. J'ai accepté de suivre la guidance et de vivre à l'endroit où je pourrais le mieux servir. Finalement, j'en suis très heureuse.

J'ai réalisé que le nouveau lieu où je demeure porte une vibration plus élevée que mon ancienne maison en ville. J'y retrouve plus de calme et de paix. Ce nouveau climat est plus favorable à l'écriture et à la canalisation. L'écriture y est donc plus facile et ainsi il y aura bientôt d'autres livres à venir…

« Quelle est la différence entre une vie faite de
confort et de sécurité
et une vie faite de risques et d'insécurité totale ?
Une c'est être comme tout le monde.
L'autre est un grand frisson, elle encourage
quelque chose d'inconnu
et d'illimité qui est omniprésent.
Et c'est cela, vivre une vie spirituelle. »

– Andrew Cohen

De la même auteure, chez le même éditeur

Tianshi
La voie des Anges

Les enseignements de Lady Nada
Grande Prêtresse de l'Atlantide

À propos de l'auteure

Johanne Therrien est auteure, conférencière et médium. Elle est formée en polarité, reiki, médecine énergétique, thérapie par le rêve, sophrologie et médiumnité. Johanne a aussi étudié auprès du célèbre Charles Virtue (fils de Doreen Virtue) en thérapie angélique et elle a reçu des enseignements de Lisa Williams, médium et clairvoyante de renommée internationale.

Née à Québec, elle a travaillé pendant 25 ans comme infirmière. Elle s'adonne maintenant à sa passion, celle d'enseigner la canalisation des messages des anges et des grands maîtres. Johanne a fondé l'École de Tianshi (*Tianshi* signifie « ange ») où elle transmet ses enseignements sur le Tianshi, une approche alliant canalisation et pratique énergétique, sous la guidance des Anges.

Johanne vit actuellement à Saint-Calixte, au Québec (Canada), avec son mari Jimmy et ses deux enfants, Gabriel et Sabrina.

Pour plus d'informations sur les formations en Tianshi (canalisation), consultez le www.ecoledetianshi.com.